人文生态化活力幼儿园

——新时代名园的摇篮

李荣明 / 编著

南方出版社·海口

图书在版编目（CIP）数据

人文生态化活力幼儿园：新时代名园的摇篮 / 李荣明编著． —— 海口：南方出版社，2019.5
　　ISBN 978-7-5501-3374-7

Ⅰ．①人… Ⅱ．①李… Ⅲ．①幼儿园－教育管理 Ⅳ．①G617

中国版本图书馆CIP数据核字(2018)第273122号

人文 生态化活力幼儿园：新时代名园的摇篮

李荣明 编著

责任编辑：	王田芳
出版发行：	南方出版社
地　　址：	海南省海口市和平大道70号
电　　话：	（0898）66160822
传　　真：	（0898）66160830
经　　销：	全国新华书店
印　　刷：	三河市北燕印装有限公司
开　　本：	710mm×1000mm　　1/16
字　　数：	200千字
印　　张：	11
版　　次：	2019年5月第1版　2019年5月第1次印刷
印　　数：	1—3000册
书　　号：	ISBN 978-7-5501-3374-7
定　　价：	68.00元

新浪官方微博：http://weibo.com/digitaltimes
版权所有　侵权必究
该书如出现印装质量问题，请与本社北京图书中心联系调换。

人文生态化活力幼儿园
——新时代名园的摇篮

李荣明 编著

编委名单
（排名不分先后）

李荣明	赵学德	周洪升	于英霞
郑明岩	郭艳梅	杨秀梅	邱淑花
管桂萍	李桂荣	郑红梅	赵金霞
王艳青	宋晓晓	王洪敏	臧明娟
王晓萍	刘 妮	赵燕群	刘 娜

序

党的十九大报告指出："生态文明建设功在当代，利在千秋。我们要牢固树立社会主义生态文明观，推动形成人与自然和谐发展现代化建设新格局，为保护生态环境做出我们这代人的努力！"

教育部《幼儿园教育指导纲要》明确要求：引导幼儿接触自然环境，使之感受自然界的美与奥妙，喜爱动植物，亲近大自然，关心周围的生活环境。

如何提高孩子的生态文明素养？山东省诸城市教育局副局长李荣明编著的《人文生态化活力幼儿园——新时代名园的摇篮》一书，给我们交出了一份很好的答卷。

关于这个问题，诸城市学前教育人从2006年就开始进行探索，并逐渐形成"以培养未来具备合格生态文明素养的国家建设者为目标，以创设园内丰富、和谐的人文生态环境为基础，以人文生态课程、生态课堂、生态德育为重点，以评价矫正为推动力的人文生态化学前教育新体系"。

摆在我们面前的这本书，正是山东诸城幼儿园开展人文生态化教育的生动写照。从书中，我们可以看到他们对于生态、自然、活力幼儿园建设的明确指向，看到他们"静待花开"的教育耐心，看到他们因地制宜的人文生态环境创设。特别是他们通过中外结合、古今结合创新设计的人文生态化活力游戏，让幼儿园焕发出了无限的生机和活力；而多姿多彩、寓教于乐的人文生态德育活动，更是达到了润物无声、潜移默化的育人效果。

"他山之石，可以攻玉"，诸城的这些做法和经验具有普适性，可供其他城乡幼儿园借鉴。

感谢李荣明同志和诸城学前教育团队的实践探索，祝贺本书的出版。

建设生态文明是关系人民福祉、关乎民族未来的千年大计，需要一代又一代人坚持不懈的努力。在这方面，学前教育是可以有所作为的。

谨为序。

2018年8月5日

郭永福（中国教育学会原常务副会长）

目 录

前　言 …………………………………………………………………………… 01

第一章　人文生态化教育概述 ………………………………………………… 1

　第一节　什么是"人文生态化教育" ………………………………………… 1
　　一、核心要义 …………………………………………………………………… 1
　　二、基本解释 …………………………………………………………………… 2

　第二节　幼儿园为什么要实施人文生态化教育 …………………………… 3
　　一、时代的需要 ………………………………………………………………… 3
　　二、地方学前教育发展的需求 ………………………………………………… 6

　第三节　人文生态化幼儿教育怎么实施 …………………………………… 7
　　一、基本思路 …………………………………………………………………… 7
　　二、具体措施 …………………………………………………………………… 7

　第四节　诸城幼儿园人文生态化教育实践概况 …………………………… 14

第二章　人文生态化环境创设 ………………………………………………… 19

　第一节　户外人文生态化环境创设 ………………………………………… 19
　　一、户外人文生态化游戏区域环境创设 …………………………………… 19
　　二、户外人文生态化自然认知环境创设 …………………………………… 24

第二节　室内人文生态化环境创设⋯⋯⋯⋯⋯⋯⋯⋯⋯⋯⋯⋯⋯29
一、室内人文生态化种植区环境创设⋯⋯⋯⋯⋯⋯⋯⋯⋯29
二、室内人文生态化工作坊环境创设⋯⋯⋯⋯⋯⋯⋯⋯⋯29

第三章　人文生态化活力游戏组织与实施⋯⋯⋯⋯⋯⋯⋯⋯⋯⋯32
第一节　生态化活力创新游戏的设计与实施⋯⋯⋯⋯⋯⋯⋯⋯33
户外⋯⋯⋯⋯⋯⋯⋯⋯⋯⋯⋯⋯⋯⋯⋯⋯⋯⋯⋯⋯⋯33
室内⋯⋯⋯⋯⋯⋯⋯⋯⋯⋯⋯⋯⋯⋯⋯⋯⋯⋯⋯⋯⋯68

第二节　生态化活力传统游戏的设计与实施⋯⋯⋯⋯⋯⋯⋯⋯74
户外⋯⋯⋯⋯⋯⋯⋯⋯⋯⋯⋯⋯⋯⋯⋯⋯⋯⋯⋯⋯⋯74
室内⋯⋯⋯⋯⋯⋯⋯⋯⋯⋯⋯⋯⋯⋯⋯⋯⋯⋯⋯⋯⋯81

第四章　人文生态化德育活动⋯⋯⋯⋯⋯⋯⋯⋯⋯⋯⋯⋯⋯⋯⋯85
第一节　四季人文生态德育主题活动⋯⋯⋯⋯⋯⋯⋯⋯⋯⋯⋯85
春季⋯⋯⋯⋯⋯⋯⋯⋯⋯⋯⋯⋯⋯⋯⋯⋯⋯⋯⋯⋯⋯85
夏季⋯⋯⋯⋯⋯⋯⋯⋯⋯⋯⋯⋯⋯⋯⋯⋯⋯⋯⋯⋯⋯98
秋季⋯⋯⋯⋯⋯⋯⋯⋯⋯⋯⋯⋯⋯⋯⋯⋯⋯⋯⋯⋯⋯105
冬季⋯⋯⋯⋯⋯⋯⋯⋯⋯⋯⋯⋯⋯⋯⋯⋯⋯⋯⋯⋯⋯115

第二节　二十四节气人文生态德育主题活动⋯⋯⋯⋯⋯⋯⋯⋯122
一、立春（春季每年2月3—5日）⋯⋯⋯⋯⋯⋯⋯⋯⋯123
二、雨水（春季每年2月18—20日）⋯⋯⋯⋯⋯⋯⋯⋯124
三、惊蛰（春季每年3月5—6日）⋯⋯⋯⋯⋯⋯⋯⋯⋯125
四、春分（春季每年3月20—22日）⋯⋯⋯⋯⋯⋯⋯⋯126
五、清明（春季每年4月4—6日）⋯⋯⋯⋯⋯⋯⋯⋯⋯127
六、谷雨（春季每年4月19—21日）⋯⋯⋯⋯⋯⋯⋯⋯128

七、立夏（夏季每年 5 月 5—6 日） ……………………………………… 129
八、小满（夏季每年 5 月 18—22 日） …………………………………… 130
九、芒种（夏季每年 6 月 5—6 日） ……………………………………… 131
十、夏至（夏季每年 6 月 21—22 日） …………………………………… 132
十一、小暑（夏季每年 7 月 7—8 日） …………………………………… 133
十二、大暑（夏季每年 7 月 22—24 日） ………………………………… 134
十三、立秋（秋季每年 8 月 7—22 日） …………………………………… 135
十四、处暑（秋季每年 8 月 23 日前后） ………………………………… 136
十五、白露（秋季每年 9 月 7—8 日） …………………………………… 137
十六、秋分（秋季每年 9 月 22—24 日） ………………………………… 138
十七、寒露（秋季每年 10 月 7—9 日） …………………………………… 139
十八、霜降（秋季每年 10 月 23—24 日） ………………………………… 140
十九、立冬（冬季每年 11 月 7—8 日） …………………………………… 141
二十、小雪（冬季每年 11 月 22—23 日） ………………………………… 142
二十一、大雪（冬季每年 12 月 7—8 日） ………………………………… 143
二十二、冬至（冬季每年 12 月 21—23 日） ……………………………… 144
二十三、小寒（冬季每年 1 月 5—6 日） ………………………………… 145
二十四、大寒（冬季每年 1 月 19—21 日） ……………………………… 146

第三节 "探探"微课生态德育活动 …………………………………………… 147
一、"探探"微课生态德育活动设计理念 ………………………………… 147
二、"探探"微课生态德育活动教育目标 ………………………………… 147
三、"探探"微课生态德育活动实施途径 ………………………………… 147
四、"探探"微课生态德育活动教育案例 ………………………………… 148

第四节 人文生态德育儿童剧 …………………………………………………… 155

第五章 人文生态化星级示范幼儿园评价标准（试行） ………… 156

前　言

新时代呼唤幼儿教育人文生态化。

党的十九大报告指出："坚持人与自然和谐共生，建设生态文明是中华民族永续发展的千年大计"，"像对待生命一样对待生态环境"，"人与自然是生命共同体，人类必须尊重自然、顺应自然、保护自然……还自然以宁静、和谐、美丽"。落实生态文明建设，一靠法制，二靠生态德育。而此书最重要的意义正是在于，从生态德育方面做出了许多寓教于乐的有效探索。

历经12年的实践研究，山东省诸城市实施人文生态化教育的幼儿园发生了翻天覆地的变化，实现了华丽转身，变成了"园在林中、乐在园中、三季有花、四季常青"的人文生态化活力幼儿园。

主体多样化的人文生态环境创设，置于生态园林中的各种活力游戏，寓教于乐的人文生态化教育，不仅让一大批幼儿园呈现出了无限的生机和活力，还有效解决了幼儿园"小学化"的顽疾，开创了生态文明科学化的幼儿教育新途径。

2006年，分管学前教育之初，我便萌生了"以培养未来具备合格生态文明素养的国家建设者为目标，以创建孩子喜欢、家长认可、效益显著的人文生态化活力幼儿园为己任"的改革思路。经过调查研究，制定实施方案，付诸实践，日复一日，年复一年，教育、引导、指导、推介，带领全市幼教干部教师，探索着，实验着，创新着。经过几个"理论研讨、典型引路、全面推广"的实验周期，全市幼儿教育形成了欣欣向荣的区域性"人文生态化教育"新局面。

当幼儿园园长们看到首批实施人文生态化教育的实验幼儿园、机关幼儿园先后被评为省十佳幼儿园，纺织幼儿园、昌城中心幼儿园被评为市十佳幼儿园的时候，他们纷纷效仿，奋起直追，使得全市在人文生态化环境创设、生态化创新活力游戏设计和人文生态德育拓展三大难题方面先后取得全面突破。当变得亮丽有趣的幼儿园真正成为孩子和家长都异常向往的儿童乐园时，周边的许多幼儿园自发地掀起了创建人文生态化活力幼儿园的高潮。此书案例中所有优美的生态化室内外环境，还有让孩子们百玩不厌、流连忘返的小树屋、森林探险、野战营、农家乐、生态沙池、生态水池等随着季节变化自然渗透着生态德育的游戏，以及各种丰富多彩的人文生态德育活动资料，均来自本市一些新转型的人文生态化活力幼儿园。随着人文生态化教育的不断深入、完善、提高，幼教干部教师从观念、能力到形象都发生了质的蜕变。许多以前只是能干，但不善说、不善写的园长、老师，逐渐成长为能干、会干、能讲、会写的"草根名师"。有的园长被评为省、市名园长，许多教师被评为省、市名师，多人次获省、市优质课赛一等奖。笔者人文生态化教育课题先后获省、市创新教育科研成果一等奖。笔者多次在国家、省、市级学前教育行政（教研）经验交流会、国家教育行政学院教育干部培训会上介绍经验。学前教育经验先后两次被《中国教育报》头版头条报道，我市也被评为首批山东省学前教育示范市，多次为兄弟县、市（区）提供考察现场。

　　当我看到人文生态化活力幼儿园放学后，家长不再像以前那样带着孩子急匆匆回家，而是主动陪着孩子继续在园内游玩时；当我看到放学后满满一院子的家长和孩子玩到天黑才恋恋不舍地离开时；当我看到实施人文生态化教育的幼儿园的孩子们还渐渐形成了喜欢自然、顺应自然、尊重自然、保护自然、人与自然和谐相处的生态文明素养时；当我面对历年积累的大量省、市人文生态化教育课题原始资料时；当我陆续听到大量发生在新转型幼儿园的小故事时，为了能让更多的孩子进入这样的幼儿园，我便萌发了编写《人文生态化活力幼儿园——新时代名园的摇篮》一书的想法，这就是此书的由来。

　　下面几则小故事，是从日新月异、绚丽多彩的人文生态化活力幼儿园中撷来的小花，率先奉献，以飨读者，先睹为快。

　　故事一：一个春暖花开的季节，上级一个安全检查组到昌城镇中心幼儿园检查。当检查人员检查完安全项目后，所有人员不约而同地不顾工作时间紧迫，兴趣盎然地参观起了幼儿园。园内鲜花盛开的百果园，吃喝玩乐一条龙的农家小院，好玩的小树屋，充满挑战的丛林探险、野战营，能划船的小湾……和快乐的孩子们形成了无数精彩的画面。当他们依依不舍地离开时，有位领导不由感叹："这里的孩子真是太幸福了！"这和我在各级学前教育研讨会上介绍经验的题目——《实施人文生态化教育，促进幼儿健康幸福成长》不谋而合。现在，这个幼儿园成了社会各界不断参观的名园。双休日许多城里的家长想办法带着孩子到这个幼儿园玩一天,就相当于送了孩子一份重要的"礼物"。有位省级领导带着省城的人大代表参观这个幼儿园后,大发感慨:"没想到诸城居然有这么好、这么独特的幼儿园!"

故事二:一个家长带着孩子第一次去龙都街道小神龙幼儿园(一个非常普通的小区幼儿园,一年内改造创建成了人文生态化活力幼儿园后,仿佛从灰姑娘变成了漂亮的小公主)时,孩子哭闹着,挣扎着,不想去陌生的幼儿园。当家长生拉硬拽把孩子带到这个幼儿园门口,孩子看到完全和两棵大树结合在一起的漂亮而奇特的小树屋时,突然挣脱妈妈的手,迅速爬到了小树屋里,家长和老师怎么叫也叫不出来。于是家长生气地说:"你就在这里玩吧,我下班再来接你。"孩子就这样高兴地入了幼儿园。

故事三:潍坊市学前教育先进镇街验收组到龙都街道验收辖区内的青蓝大风车幼儿园时,电视台跟踪报道。女记者带着刚满3岁的儿子一起去了这个幼儿园。当孩子爬上了完全建在树上的小树屋,玩了丛林探险、野战营等游戏后,强烈要求妈妈让自己上这个幼儿园。虽然女记者的家离这个幼儿园很远,接送孩子不方便,但是看到孩子这么喜欢这个生态化活力幼儿园,她就同意了。当孩子入园后回家兴高采烈地向他的姐姐(在另一个高端非生态化幼儿园)说起他的幼儿园有那么多好玩的活力游戏时,姐姐好奇地跟着弟弟去看了这个幼儿园,之后就闹着也转到了这个幼儿园。现在,这个幼儿园成了远近闻名的人文生态化活力游戏名园,前去参观的园长很多。去年,这个幼儿园兼并了另外一个非生态化幼儿园,开始办起了幼教集团。

故事四:诸城在全国卫生城市创卫复审期间,一位市委领导走到开发区明德幼儿园,发现幼儿园特别干净。放学后,孩子不但看到路上的垃圾会自觉地捡起来放到垃圾桶里,还主动劝阻乱扔垃圾的人,幼儿园门口两边写着"走进来是明德宝贝,走出去是环保卫士",市委领导感到很惊讶。通过深入了解他发现,这个幼儿园的人文生态化德育成效显著。这里的孩子们不但自觉形成了一定的保护环境、爱护环境的生态文明素养,还带动各自的爷爷奶奶、爸爸妈妈增强了生态环保意识,真正使"小手拉大手,共创卫生城"活动产生了实效。现在,这个幼儿园成了远近闻名的人文生态化德育名园。

故事五:有一年,社会上要求入人文生态化纺织幼儿园的学生突然增多,为了能让孩子上这个幼儿园,家长们冒雨提前一天在幼儿园大门口排队报名。询问家长后才知道,原来家长看中的是这个幼儿园特别注重孩子的饮食安全。纺织幼儿园自建了一个10000平方米的专用有机无公害生态农场,不但为孩子们提供了一个足够大的一年四季生态种植体验基地,还为孩子们食用的蔬菜、水果、鸡蛋等提供了安全保障。在这个人们越来越重视食品安全的时代，保障孩子的食品安全显得尤为重要。现在这个幼儿园已经成为拥有5个分园的幼教集团。

故事六：一天早上，实验幼儿园香榭里分园的一个孩子和奶奶在去幼儿园的路上，发现了一只受伤的小鸟。由于这个幼儿园是实验幼教集团生态化环境和生态化教育搞得最好的一个幼儿园，所以这里的孩子们的生态文明素养都比较高。在孩子的一再坚持下，他们把受伤的小鸟带到了幼儿园，请求老师帮助救治。老师通过查阅资料发现，这是一种国家二级保护动物——灰鹭。为了确保救治好受伤的灰鹭，老师和孩子们一起讨论了救治方案，最后决定向森林公安求援。森林公安邀请专业人员来幼儿园查看情况后，确认这就是一只灰鹭，并且伤势严重，如果不及时救助会影响生命。于是，他们决定把它带到大源野生动物保护基地进行救助。这期间，不断有孩子在家长的陪同下前去救助基地看望受伤的灰鹭。等到灰鹭完全恢复健康，这个班的孩子在老师的带领下为灰鹭举行了放飞仪式。看到康复后的灰鹭在万亩园林里自由飞翔，孩子们欢呼雀跃。以此为案例，老师们回去后搜集了许多的资料，对孩子们又进行了爱鸟、护鸟专题教育。

像这样的例子在其他的人文生态化教育名园中还有很多，看到因地制宜创建的一大批各具特色的人文生态化活力幼儿园，我心里对全市广大幼教干部教师充满了由衷的敬佩、感激之情。本书的许多资料也是来自这些基层"草根名师"，这是我以前连想都不敢想的变化。在此，一并向他们表示感谢！因为我知道对于一个县级市的幼教工作者来说，面对新世纪这一全新的课题有多难。是他们让诸城无数的孩子有了一个快乐、健康、幸福而有意义的童年，是他们为建设美丽中国率先培养了一批又一批具有生态文明素养的未来国家建设者。

编者

2018年7月1日

第一章　人文生态化教育概述

第一节　什么是"人文生态化教育"

一、核心要义

所谓"人文生态化教育[1]",概括地说,就是充分敬畏生命并充分尊重其成长规律的教育。它是现代生态世界观和中国古典哲学思想共同指导下的教育理念,是一种充分体现运用生态智慧的教育教学,是对教育本真的最恰当描绘,是一种全新而本然的教育策略和教育追求。它实际是教育生态学[2](我国多以"儿童生态学"称呼其核心理论)的认识论和方法论。

叶圣陶说"教育是农业,不是工业"——这告诉我们:教育就像栽培植物那样,是"让生命自然地成长",而不是像工业那样去"制造"。农业需要园丁做的只是顺应植物内在的生长规律,准备好土壤、肥料,利用好阳光、空气和水分,充分相信植物内在的力量,耐心等待,辅以适时的管理和养护,它就一定会顺利地生根、发芽、开花、结果。既不能拔苗助长,也不要指望百般种子都长出一样的苗、同样的苗都结同样的果。教育与此类似,重要的是充分创设好有利于儿童成长的环境和氛围,辅之以教师正确的引导,静待儿童"自然地成长"。这是"人文生态化教育"理念最核心的含意。

人文生态化教育思想是当今国际教育思想的新发展,该思想及其实践代表了世界教育的先进方向。目前严峻的生态危机正强烈呼唤着生态教育,而生态教育正是人文生态化教育的重要的基础内容和手段。目前我国幼儿教育正徘徊在一个大家习以为常的非生态化怪圈(幼儿心灵并未得到充分尊重),而人文生态化教育正是对症的良药。

二、基本解释

"人文"——就是切合人的需要的文明观念和规范，其核心是人本、人性、人伦、人道，即把人作为衡量世界的坐标原点，"承认人的价值，尊重人的尊严，爱护人的生命，重视人的伦理，关心人的利益，谋求人的幸福"。人文是一个民族传统历史文化的最核心的价值理念。我们这里所说的"人文"，则是以中华优秀传统文化为根本源泉的人文，它体现着中华民族自古就有的教育价值追求，同时又体现着人类新时代共同追求的教育理想。

"生态"——即生命自然正常的生存状态，原是自然生态学概念，有"生态系统"和"生态平衡"两个要义。人类社会是由自然生态系统产生并与之相似的"类生态系统"，完全可以用"生态学的原理、眼光、态度、方法和智慧（如整体观、系统观、联系观、和谐观、均衡观、生命平等互动观、生态自治观等）"去认识处理人与自然、人与社会的关系，这就是"生态化"的概念。也就是说，"生态"现在已不仅仅是生物学术语，而是一种世界观。"生态"意味着生命平等、相互依存、共享共生、多样统一、动态平衡，意味着尊重自然、崇尚和谐、无为而治，意味着舒缓从容、享受生命的自然韵律和幸福。这种生态世界观，与中国古典哲学的和合主义思想有着天然相似性。

"人文生态化教育"——"生态化教育"是将生态化思想用于研究解决教育教学问题，强调以"生态的观点和智慧"来研究教育现象，解释教育教学问题及成因，揭示教育规律和发展方向，指导教育教学实践。"人文生态化教育"则进一步强调这种教育是"人文主义与生态伦理的和谐统一"，是一种"最以人为本的、最体现人文生命关怀的、最适合于人的、代表人类文化先进方向"的教育模式。它致力于在学校（幼儿园）教育中营造一种适合儿童生命成长的自然而和谐的教育环境，并通过生态化的过程和方法促成儿童最真实自然、最有价值的自我成长，是一种充分体现和运用生态智慧的教育教学。它既是一种教育教学认识理论，也是一种教育教学方法和实施策略，是教育生态学的认识论和方法论。

人文生态化教育认识论认为，正如生物种的生存状态与其所处的生态系统有密切关系一样，儿童的行为及状态与其背景及环境也是一个密不可分的整体。儿童的发展是"不断成长的有机体与其所处的不断变化着的环境之间的逐步的相互适应[3]"。这个过程受到情景和情景所涉及的背景之间的各种关系的影响，"了解儿童所处的背景比了解儿童的各自特征更能精确地预测儿童的行为[4]"。

人文生态化教育方法论认为，花盆里培养不出参天大树。把儿童置于适合他发展的社会生态系统（自然的或人为的环境和氛围）中，是促使他主动自我发展、与周围环境和谐发展的最重要的最佳的教育方法。这种方法比刻意人为的教育活动所产生的效果更好，这是真实自然的内外协调的发展。

可见，"人文生态化教育"是一种全新的教育理念。它既表现为一种直接的教育教学方法，如环境教育法、自我教育法；也表现为一种对教育内容与程序的全新建构策略，如让课程"内容为人存在"，而不是"人为内容存在"，生态教育内容增加，课程与生活有机融合等。

人文生态化教育特别适用于基础教育的中低段，尤其是幼儿园阶段。

第二节　幼儿园为什么要实施人文生态化教育

一、时代的需要

自然生态环境对生物种主要产生身体方面的影响，而人类生态环境对人既产生物质方面的影响，又产生精神方面的影响。正如自然生态环境对各物种本身至关重要一样，"儿童生态环境"对于儿童的发展同样会产生至关重要的影响，该影响甚至超过了刻意为之的教育活动对儿童的影响。儿童生态学认为，"没有森林小木屋就没有林肯"，教育，就是创造有利于人发展的生态环境！

按照儿童生态学的观点，当今中国儿童赖以生存和发展的生态环境（自然环境、社会环境、学习环境、教育环境、心理环境等）处于一种退化状态。这种退化，与现代科技迅猛发展、西方现代文明迅速涌入直接相关，是30年来中国不计社会生态成本急剧发展的"负效应"之显现。

1.当代儿童的自然生态。20世纪中期以来的全球性环境问题，已经发展为全球生态危机，我国情况尤其严重，生态维护意识和维护程度比发达国家落后数十年。生态现实是"边治理边破坏，治理赶不上破坏[5]"。在地球彩色卫星照片上，与周围绿色形成鲜明对比的是我国境线内那片枯黄的国土。生态危机的负向连锁反应对生态系统内所有生命都是毁灭性的，比战争还可怕。历史上，一个国家可以从战争创伤中迅速复原，但没有一个国家可以从被严重破坏的自然环境中崛起。正因如此，中共十七大将"生态文明"写入会议报告，中共十八大报告更是以史无前例的篇幅进一步把"生态文明"作为执政党施政纲领和国家战略任务[6]。大自然赐予人生命所需，也影响着人的精神世界。持续恶化的生态环境、汹涌的人口城市化进程，让儿童与大自然之间的距离愈来愈远：常见动物或被迫迁徙，或濒临灭绝，使孩子们失去了很多自然伙伴；工业污染夺去了他们明媚的阳光、新鲜的空气、放心的食物；成片的建筑楼群，冰冷的水泥架构，限制着孩子们的活动空间，销蚀着他们对自然美的感受性；各种各样打着"启蒙教育"幌子的所谓智力开发项目，使孩子们对大自然的神秘感和好奇心消失殆尽……人与自然的亲近以及平衡和谐是关系人类命运的大课题——树立生态文明价值观必须从幼儿抓起；缩短儿童与自然的距离，帮孩子们找到最能滋润他们身心的清纯真实的第一生态环境——自然世界，也是当前幼儿教育必须认真思考的问题。

2. 当代儿童的社会生态。社会是人类特有的生活环境，是一个结构复杂的社会生态网络。现代化则深刻改变着社会生态环境的古老面貌。对儿童生活而言，最直接、最有影响的是家庭结构及邻里关系的变化。传统大家庭迅速解体，两代人、独生子女或少子女的核心家庭大量增加，家庭人际关系日趋简单；住宅高层化、封闭化，邻里不相往来；传统的淳朴的民风人情在现代化都市渐渐销声匿迹；儿童的自然群体、自然形成的儿童"院落文化"渐渐淡出儿童生活——缺乏儿童玩伴，社交圈过小，社会角色单一，使他们失去了与伙伴在一起的快乐和相互学习的机会；过多地接触成人，过早地进入成人世界，使儿童本应具有的天真烂漫、活泼稚气一点点消失——"孤独、无助、任性、自我中心、缺乏基本的交往能力"几乎成为一种时代病，困惑着家长，困惑着教育工作者。环境造成的问题理应通过改善环境来解决，幼儿园是一个由不同年龄和性别、不同家庭背景和个性特征的幼儿构成的儿童小社会，完全可以挖掘其中蕴藏的教育资源，以弥补家庭环境的不足。

3. 当代儿童的学习生态。电视、电脑多媒体等信息传播媒介，使儿童认识世界的方式发生了革命性改变，知识超越时空限制来到儿童身边，以前用语言难以解释明白的东西，现在通过鲜明生动的形象变得极易理解。以往任何时代的儿童都没有当今孩子视野开阔、知识丰富。然而，电视和电脑等荧屏文化在制造优越的同时，也为他们的发展带来制约和负面影响。且不说不健康内容的消极作用，仅信息传递方式对儿童就有很多不良影响：大众传媒使知识获取方式变得被动，这无益于儿童认知能力的提高；荧屏快速跳动的信息传播方式极易造成儿童浮躁、缺乏耐心的性情；声形并茂的荧屏音像强烈吸引着儿童，使他们的文字阅读兴趣下降，阅读能力随之降低；荧屏音像将儿童注意力从生动的现实世界局限到狭小范围，相对剥夺了他们进行游戏、操作等自主活动的机会，以致造成一些儿童离开电视、电脑和游戏机就不知如何独处的后果；刻意追求娱乐、夸张的荧屏音像，把儿童带入了一个与现实世界既似又非的虚拟世界，容易使其心理发生扭曲，养成看问题主观化、理想化、概念化，做事一根筋，面对现实不知所措或故意逃避的习惯……而当代儿童，尤其是城市儿童，恰恰处于现代媒体的包围中。无论是在园教育，还是幼儿家居生活，如何既能发挥现代媒体的技术优势又能避免其副作用，这是教育者不能不思考的问题。

4. 当代儿童的教育生态。 20 世纪 90 年代前，学校、家庭、社会在儿童教育中形成一种既相对分工又相互配合的较为平衡的教育生态环境：学校有目的、有计划地组织儿童学习，家庭则通过日常生活潜移默化地对儿童施加影响；学校在智育方面显示强大功能，家庭在帮助儿童社会化方面发挥重要作用，社会则借助宣传、管理、评价等途径影响学校、家庭，进而影响儿童。尽管三者分工合作有许多不尽如人意之处，但儿童从这三个领域接受的教育影响基本处于一种平衡稳定状态。但近 30 年来，由于社会竞争加剧，家长的教育心态发生了很大变化：为使子女不输在起跑线，许多父母主动自觉地把家庭变成学校，把自己变成教师，家庭的智育功能空前加强，而德育和社会化功能空前削弱；社会也不甘寂寞，各种辅导班、才艺班如雨后春笋，许多学前幼儿每天被家长裹挟着在幼儿园和各种辅导班之间像陀螺一样转来转去；许多幼儿园为迎合家长和社会的口味，小学化教育倾向越来越严重——家庭、学校（幼儿园）、社会对儿童的教育职能严重错位，当代儿童教育生态环境已严重失衡。这种情况要求幼儿园不仅要追求内部教育生态平衡，还要发挥自身先锋作用，努力影响家庭和社会，致力于整个幼儿教育生态的正态稳定和净化，使各方面施加在幼儿身上的教育影响达到和谐。

5. 当代儿童的心理生态。 现代社会的快节奏、高效率、重竞争、多变化使得田园牧歌式的生活方式一去不返，这给人的精神世界带来极大冲击：因利益驱使而奔命，压抑、空虚、浮躁、孤独、焦虑、缺乏安全感、迷失自我等，几乎成为普遍心理状态。这一切不可避免地会通过种种渠道影响到儿童：许多家长因工作压力或为金钱所累无暇顾及孩子，以致天伦难享、亲情淡漠，孩子深感孤独；更有少数家长不自觉地将消极情绪转嫁于儿童，使其坠入莫名的紧张、恐惧之中；家庭破裂成为常态，未成年子女深受其害；升学竞争白热化使大批家长教育观念畸变，重心严重向智育偏斜，对子女期望过高、要求过严、干预过多，不顾其身心规律强迫其学习，使他们学习负担和精神压力空前加大；物质生活上，家长又普遍对孩子过度满足，放任娇纵，致使不少孩子从小养成贪图享受、好逸恶劳之劣习，以至于物欲膨胀、生存力萎缩、专横任性、喜怒无常；社会转型的激烈变化和多元价值冲突，使人们陷入对现实不能准确认知和把握的本能恐惧，老少两三代人育儿观念严重相左，这些矛盾必然会传导到孩子身上，造成他们心灵迷茫。

表1是参与课题实验的诸城市实验幼儿园对某级部392名幼儿的家长问卷调查结果统计，该数据可以基本反映出当代幼儿的成长生态环境状况。

表1：诸城市实验幼儿园2014级部幼儿成长生态调查结果统计表

幼儿自然生态		幼儿社会生态			幼儿学习生态				幼儿教育生态		
家中养花数（棵）	住宅围绕树木数（棵）	住宅为楼房者（%）	身为独生子女者（%）	家中常住人数（人）	看电视幼儿数（%）	每天看电视时间（h）	玩电脑幼儿数（%）	每天玩电脑时间（h）	参加课外辅导班者（%）	每周参加辅导次数（次）	每周在辅导班时间（h）
10.5	7.4	84.9	70.9	3.5	88.5	1.1	52.5	0.6	54.9	1.5	2.6

无论是直观感受还是相关研究[7]都已显示，上述生态环境的退化已经导致幼儿的精神成长出现令人忧虑的状态。设法让幼儿的发展摆脱退化环境的束缚，与环境重建一种积极适应关系，正是我们的责任。

二、地方学前教育发展的需求

夏山学校[8]为普通中小学校实施人文生态化教育树立了一个以西方现代文化为背景的特殊标杆。但是从儿童身心发展的规律来看，实践人文生态化教育这一理念的最佳起始学段是学前教育段。因为幼儿期是一个人身心健康成长的最关键期，较之小学段更为重要。而且，以中华传统文化为教育背景，更能避免人文生态化教育产生极端化偏差。

诸城市的学前教育，在推进幼儿园标准化建设的同时，一直谋求内涵发展之路，不但追求"园园有内涵，园园有特色"，还力争"园园成卓越"。一所规范的幼儿园能保证每一个幼儿的身体和人格健康发展；而一所卓越的幼儿园，则要确保每一个幼儿的身体和心灵得到最优化的发展。这样的高起点的内涵发展理想，就要求我们要有自己独特的卓越的幼儿教育理念，从而建立起自己独特的卓越的幼儿园课程体系。而让孩子亲近自然、与可爱的动植物打交道的人文生态教育，既切合幼儿身心发展特点，又符合时代需求，理应成为诸城市学前教育课程的内容特色；人文生态化教育方式，代表着教育理念的先进方向，理应成为诸城市学前教育的方法特色和最高追求。

第三节　人文生态化幼儿教育怎么实施

一、基本思路

幼儿园人文生态化教育理念的落实，既要依靠人文生态化环境，也要依靠人文生态化课程（这里的课程主要是指幼儿自主游戏，其实人文生态化环境也是课程）。

我们要构建的课程，必须按照"以让幼儿心灵自由成长为根本宗旨，以营造利于幼儿成长的生态环境为第一基础，以幼儿与生态环境自发良性互动为基本策略，以潜移默化地让幼儿形成人文生态化道德情操为首要目标，以切实改善幼儿生态发展现状为第一目的"这样一套方法体系来建设，方能促进幼儿自然和谐、全面真实、健康快乐地幸福成长。

在实践上，一方面，要以"人文生态化教育观"为指导，将一切能促使幼儿发展的环境因素（自然、社会、家庭、幼儿园）沟通融合，使之成为一种自由、和谐、愉悦的开放性教育氛围和基础力量；另一方面，又要尊重幼儿的权利，呵护幼儿生命活力，重视幼儿自主精神，引导幼儿与周围环境"自在地"发生联系，让幼儿在家一样舒适的环境中"自主地"游戏、学习、探究，尽可能"自发地"与环境互动，尽可能"自由地"获得生活知识，尽可能"自然地"养成生活习惯和能力，启迪智慧，激发活力，从而获得自由、快乐、全面的"自我成长"。

实践工作有三个重点：一是幼儿园人文生态化环境创设；二是幼儿园人文生态化游戏活动的开展；三是幼儿园人文生态化德育。不能在幼儿园搞烦琐的学科知识和学科技能教学，幼儿园里要教的知识和技能，必须是幼儿感兴趣的、对其心理品德的成长相对重要的知识和一些与其年龄特点相适应的基本生活技能。

二、具体措施

（一）致力"绿色生态家园"建设，为幼儿成长营造良好的园内自然生态和人文生态

根据《幼儿园教育指导纲要》中"环境是重要的教育资源，应通过创设并有效地利用环境促进幼儿的发展"，要"引导幼儿接触自然环境，使之感受自然界的美与奥妙，激发幼儿的好奇心和认识兴趣"等要求，我们把"绿色生态家园"建设作为人文生态化教育的基础部分和突破口。这需要理念的更新，需要将单纯的园内绿化美化升华为对生态环境教育价值的追求，也需要实实在在的物质投入。目标是首先使幼儿园物质环境成为一座让人舒心惬意的"生态园林"，然后再使之成为传递各种人文信息的教育环境。

1. 自然环境的创建

幼儿园自然环境的园林式绿化，须着力于以下三个方面：一是幼儿园院内应尽量减少对泥土地面的大板块式水泥硬化，而要做到能不硬化就不硬化，非密集通过性地面可用可踩踏性草皮覆盖；确有必要硬化的甬道、操场等，应以仿真草皮、透水透气的砖砌式和散片式硬化、网格镂空植绿式硬化等措施代替。二是幼儿园绿荫化。首先大型玩具必须置于绿荫之下。其次要因地制宜，尽可能多地栽植花草树木，确保园内植被立体化覆盖；在美观、合理、不妨碍人员活动的前提下，使得绿色植物品种尽可能丰富，数量尽可能多。三是不具备栽植条件的走廊及室内等区域，也要多搞一些对儿童的安全和健康无危害、幼儿感兴趣、适合幼儿种植和观察的植物盆栽，做好一切微环境的绿化点缀。绿色植物不仅有调温、调湿、抑菌、吸尘、降噪、增加负离子等有利于生理健康的功能，更重要的是，植物的生机变化能不断为幼儿提供一个又一个新的兴奋点，幼儿在园中种植、观察、研究、收获，一年四季都能感受到生命变化的美，从而获得对生命奥妙的丰富体验，这是生命与生命的互动与和谐。

2. 人文环境的创建

幼儿园人文环境的创建，是指包括区域游戏环境、主题墙、书吧、隔柜、壁画等人文环境元素在内的创设布置。它也有一套创设标准：一是安全卫生等基础标准，如所用材料和布置方式是否卫生安全、内容和形式是否吸引幼儿、环境是否便于幼儿分区域活动、形式是否符合美学要求等；二是教育意图，即是否能体现人文生态化教育理念，如材料是否尽量选用自然材料而非工业成品材料、内容是否体现生态人文和环保和谐等要素、环境是否更贴近幼儿、是否便于幼儿动手动脑参与环境创设、创设是否更充满童趣和更具有效的教育内化价值等。其中，中华优秀传统文化中的一些历久弥新的元素，包括民族历史、民族风俗、民族审美等元素，值得很好地借鉴采用。即使是我国古典美学元素中的一些简单线条图案和民乐旋律，也往往透露出一种独特的宁静祥和的美学韵味，它对儿童将产生潜移默化的有益影响，不容忽视。

总之，要让幼儿园的环境优美、活泼、向上，处处蕴含教育价值和教育契机，整个幼儿园形成一个和谐统一的教育生态环境系统。

（二）致力"文明、和谐、全面的人际环境"建设，为幼儿成长营造良好的社会生态和心理生态

在教师与幼儿、幼儿与幼儿、幼儿与家长、教师与家长之间营建一种平等、和谐、宽松、温馨、全面、广泛、生态化的人际环境，是非常重要的。

1. 正确的师幼交往互动关系的构建

新型师幼关系，要求教师和孩子们之间彼此尊重，平等相待，相互对话，相互协助。新型师幼关系的建立并不容易，教师应严格遵循幼儿身心发展规律和教育要求，主动与幼儿建立亲密的"妈妈玩伴"关系，"蹲下身子倾听，耐下心来解释，张开怀抱抚慰，敞开心扉交流"，让孩子们觉得老师既像妈妈一样亲，又像最要好的朋友一样好。这样，孩子们有心里话就能主动与教师交流，遇到矛盾和困难就会主动向教师倾诉。

2. 正确的同伴交往互动关系的构建

在幼儿人际生态中，同伴关系是与师幼关系同等重要的元素。交往能力只能在同伴交往中学，心理偏差也最好在同伴交往中矫正。应创造条件保证幼儿在园期间有足够的自由活动和自由交往的时间与空间，不但保证班内幼儿的交往，还应积极促成班外同龄幼儿的交往、非同龄幼儿的交往，以帮助幼儿建立广泛而自然的人际生态关系，并使幼儿从交往中获取交往经验和有益的知识信息，学会处理交往中出现的问题，提高社会适应能力。

3. 正确的"亲子、师亲"交往互动关系的构建

正确的亲子关系以及师亲关系，也是幼儿人际生态环境的重要方面。幼儿园应通过各种方式开展丰富多彩的活动，与家长展开互动，如家长委员会例会（园级和班级两级家长委员会，每学期召开两次专题会议，汇报工作，研究方案，征求意见，提升质量）、家委会成员轮流驻园活动、家长开放日、教师大家访、家长接待日、家园亲子活动等。这些举措，有利于搭建起教师与家长的情感桥梁，促进家庭之间以及家庭成员之间的相互交流，形成家园共育的和谐人文环境。

（三）致力"人文生态化游戏课程"建设，为幼儿成长营造良好的学习生态、教育生态

人文生态化游戏课程体系建设，是幼儿教育实践的主攻方向。人文生态化游戏课程与一般课程的区别是：将幼儿心灵的发育视为首要目标，尽力追求环境、基础、背景和氛围的完善，尽力促成幼儿"自在、自发、自主、自由、主动"的生动活泼、和谐全面、富有效益的自我发展。基于此，我们建构了主旨明确、结构清晰的人文生态化显性课程体系，包括"幼儿课程"和"家长课程"两大板块。

1. 葆得源头活水来的家长课程

把家长课程作为幼儿园课程的重要组成部分，这是人文生态化教育理念的重要体现。人"莫不亲其亲、子其子"，爱孩子是连动物都会的本能，天下父母都想把自己的孩子教育好，但是富有理智地爱、用正确的方式方法教育自己的孩子，依然不是每个父母都能做到的。家长是孩子的第一任老师，家长是幼儿心灵的第一根系，孩子的问题，实际投射的是家长的问题。我们不能奢望初为父母的年轻人天生就是育儿行家。如果不在家长教育方面有所建树，那么再好的幼儿课程也都是无本之木、无源之水。而且，孩子尚在幼儿学段的家长，对子女的教育最关注，对孩子的影响最大，其教育偏差也最容易纠正，所以抓好此时的家长教育，是幼儿园必需的责任，是人文生态化教育的规定动作。一是安排系统的家长课程，包括通过电脑网络、微信、家长接待日、家访等多种途径，向家长传授育儿理念和方法，提升家长育儿水平。二是制定完善的"家长制度"，诸如定期学习制度、履行家教原则制度等，并严格执行，让满腔热忱的家长们切实受到正确教育理念的熏陶浸润和刚性约束。这体现着教育工作者对人文生态化教育理念的坚守，体现着对幼儿良好学习生态、教育生态和心理生态环境的坚韧的培育和开拓。

2. 保养幼儿心灵地基的园本生态化游戏课程

必须建立这样的观念：大自然是一座艺术殿堂，是一所学校，是人类和所有生灵最温馨的家。人是自然之子，只有在大自然的怀抱里，儿童的身体和心灵才是最舒展的。蓝天白云、芳草绿树、花果飘香、鸟鸣虫吟，乃至于脚下的清水、石头、细沙、泥土……不仅是幼儿身体健康的营养，也是其心灵成长的营养，对幼儿身心健康发育的作用几乎无可替代。幼儿可从中获得大量的从其他途径无法获得的知识信息和美的感受，便于养成乐于探究的心理习惯……让幼儿与这些"生态营养"接触，是培育提升其生态素养的唯一途径。所谓"生态素养"，不仅是指从室内生态教育课堂获得的生态意识和环保情操，更是指必须到大自然中才能获得的那些包含环保情操和自然生态智慧等在内的幼儿"最重要、最基本的素养"，它是幼儿心灵发育的底肥、根基和源泉。让幼儿与大自然相亲近，从大自然中自行汲取那些有时难以言传的营养和智慧，是人文生态化教育最重要的内容和目标。

以人文生态化活力游戏为主体的幼儿园本课程应具有以下特点或要素：

（1）贯彻以人为本。以发展幼儿心灵和个性为目的，而不以知识教学为目的，以与动植物互动为主要内容，以与季节自然相配合的主题活动为基本单元模块。幼儿园本课程实施过程中，可根据幼儿兴趣和实际需要随时调整，它应当是幼儿与教师、家长共同创建的弹性课程。

（2）让环境成为课堂。园内人工自然化环境的创设，是生态课程实施的保障，园中的百草园、盆景、走入式草坪、自然生态角、种植角、饲养角、鱼缸生态系统以及生态新闻等，都应成为课程资源，室内室外都应成为孩子们学习的课堂。

（3）"合作、体验、分享"无时不有。老师与孩子们一起种下草莓、圣女果、土豆、红薯、油菜、小白菜、茼蒿、黄豆、花生等一系列常见的瓜果蔬菜、小花小草，让孩子们与这些"自然朋友"和谐相处，近距离接触互动，参与松土、播种、浇水、施肥、疏苗、治虫、收获、分享等全过程。不用担心幼儿不感兴趣，他们与这些生命朋友有天然的缘分；不用担心幼儿不会操作，兴趣和伙伴是最好的老师。养护中，孩子们会感受到生命的神奇和劳动的快乐；庆收中，孩子们能共同品尝劳动果实，感受收获的幸福；共同的游戏活动中，孩子们能加深友谊，学会交往。

（4）"自然、随机、舒缓、浸润"无处不在。户外有更清新的空气、更广阔的空间、更丰富的信息源。除了密切关注孩子的安全、卫生和交往风险，应尽可能地给予孩子自主活动的自由。在这种环境下，孩子们发现的问题必然很多，"天冷了，小乌龟就不吃不喝也不动了，它怎么了？""从海边带回的小水母忽然消失了，它到哪去了？""晴朗的天空怎么会出现彩虹？"……这些问题就是课程资源。一个个小问题，成为教师与幼儿、幼儿与幼儿、家长与幼儿共同学习和成长的生发点，不仅使孩子们的探究意识和探索能力得到进一步激发，更重要的是滋养出了孩子们更丰满的心灵。

（5）不可或缺的园外实践活动基地。如果要进一步发展"幼儿与其他生命之间的友谊"，有条件的幼儿园就应该与生态园艺企业等组织合作建立园外"人文生态化教育实践基地"。幼儿园定期组织幼儿到生态园参观、种植、采集、饲养、野炊，与大自然亲密接触，亲身感受和体验野外劳动游戏的乐趣，这可弥补幼儿园内生态环境不足的缺憾，让孩子们乐此不疲。

（6）引导家长共同参与。园本课程的许多内容，可由而且应当由幼儿和家长共同实现。如初春时节，让孩子们在家中与家人一起栽下蔬菜水果或花卉小草，或者饲养小鱼、小龟等小动物。等到这些植物或动物粗具模样之后，再让幼儿将它们带到幼儿园与其他小伙伴一起培育、观察……孩子们之所以能很快学会种植、饲养、管理小农场并保持持久的兴趣，也得益于家长观念的转变和亲子关系的培育。

这种课程的开发实施，会让幼儿的学习与生活"回归自然"，每日户外活动时间和体验时间大大增加，在真实的体验中陶冶了情操，培育了爱心和责任感。身边动植物的变化，会成为孩子们每天关注的事情。

更重要的是，园本课程的开发与实施，将让幼儿在与自然的潜心对话交流中绽放自己的心灵。他们充满稚气的脸上展现出的"灵动而又专注，活泼而又宁静，好奇而又欣悦，天真而又优雅"的神情，才是人的真正的自我成长。与自然的互动将唤醒儿童心灵深处那些人类在长期进化过程中积淀下来的、往往不易察觉的智慧。

3. 保证孩子学习与生存能力共同发展的园本生活课程

幼儿生活课程的构建，主要是以人文生态化教育理念为灵魂，将园本生态化游戏课程与省编普适课程、幼儿生活教育进一步整合为一体：

（1）明确的课程理念——以幼儿身心发展（特别是心灵发展）为目的，以环境和文化（特别是生态文化）育人为基础，以与幼儿生活融为一体为特色，以幼儿的自我成长为追求。

（2）明晰的课程目标——使幼儿尽可能多地汲取生态营养，获得体验，感悟生态智慧，具有初步的人文生态化素养，达到《3-6岁儿童学习与发展指南》规定的发展目标。

（3）生态化的课程内容——本着"内容服从人的需要、为人的发展服务"的原则，务求内容来源于幼儿生活，融于幼儿生活，使课程适合幼儿园实际条件，成为幼儿自然生活的一部分；务求内容服务于幼儿生活，使课程有利于改善幼儿生活状态，有利于幼儿自我发展；让内容呈现为"主题活动序列"，不但不求学科界限清晰，还要尽力还原生活本身具有的综合性和实践性。

（4）生活化的课程结构——以幼儿一日生活流程为架构，嵌入游戏活动组块；压缩集体教学时间，扩展幼儿自主活动时间，淡化课程与生活的界限。

（5）以体验为主的课程实施——以活动为主要载体，让幼儿在愉悦自主的游戏、操作、观察、实践等综合活动中获得体验，发展身心，顺其自然地掌握知识技能。一是以让幼儿尽可能多地获得亲历、感知、觉受、感悟等体验为首要目标，让知识的获得成为伴随正向体验的附带获得。二是知识体系的建构尽力顺应幼儿心理发展的自然规律，让幼儿在实践体验的基础上自主地将知识建构为个性化"生态化知识结构"，而非严密的学科知识结构，以正确体现出人、生活与知识之间的生态关系——知识为人的生活而存在。

（6）以人为本的课程评价——关注"人"的发展，把幼儿身心发展变化作为评价的重点。我们以《3-6岁儿童学习与发展指南》为基本框架,构建一个幼儿身心发展评价量表,具体细节正在进一步完善中。

总之,幼儿生活课程是从幼儿成长需要出发,关心幼儿在感受什么、想什么、需要什么,给他们提供一个充满童真童趣的童话般幸福的小天地,帮助他们认识自己,充分地发展自己。

(四)致力"人文生态化德育",重在行为养成教育

"人文生态化德育"从理论上讲是一种新德育观,是指以生态学、环境科学、教育生态学、教育社会学、教育心理学等科学原理为指导,以环境(包括自然环境、社会环境和文化环境)对个体道德素质产生必然影响为逻辑基点,发掘一切可以利用的育人资源,促使幼儿不断提高道德素养,形成"爱国守法、明礼诚信、团结友善、勤俭自强、敬业奉献"等道德品质。我们可以把以往的德育称为"人际德育"。比较而言,人文生态化德育是人际德育的发展。人际德育的视野在于教会人处理人与人之间的关系,而人文生态化德育不仅关注人际关系,而且关注人与自然、与其他物种的关系。它突破了人际德育的狭隘性,从一个更高远、更宏大的视界去观照人的行为:在纵向上,它将视界提升到人类"代与代"之间,当代人不仅要考虑本代人的利益,而且要关心后代人的利益;即使对于本代人,也不应仅看到个人眼前利益,还要虑及人类整体长远利益。在横向上,它将视界提升到"族与族"之间,即不仅看到个人利益与本民族利益,而且虑及他人和其他民族的共同利益;乃至提升到"类与类"之间,不仅关注人与人之间的关系,还关注人与其他物种之间的关系、人与整个生态系统的关系。这种全面拓展了的不同圈层叠加的道德关系,丰富了德育资源,稀释了德育压力,提升了德性追求,确保了道德底线,更加符合幼儿的德育实际。

"人文生态化德育"是指人与人、人与自然以及社会文化相互依存、和睦相处的人文生态道德观,引导受教育者依托当地文化自觉爱护自然环境,产生生态保护意识和思想觉悟,养成相应的道德文明和行为习惯。人文生态道德包括人对文化环境、自然环境、自然资源、生物生息繁衍的态度等内容。

人生百年,立于幼教。教育为本,德育为先。幼儿教育更应以德育为首,把德育目标和内容融汇、渗透到幼儿游戏和一日生活之中,把说教彻底清除。真正的德育正是以这种"随风潜入夜,润物细无声"的方式,把幼儿德育化作一个个随时随地的"渗透"、随时随地的"养成":

(1)在一日生活中渗透。如:"五不、五学会"行为要求(不掉饭粒,学会正确

用餐；不随地乱扔垃圾，学会垃圾的回收与分类；不随处吐痰、大小便，学会主动如厕；不大声喧哗，学会说话轻、走路轻、做事轻；不浪费水，学会节约用水），每天坚持正面引导，久而久之，这些外部要求就会逐渐内化成幼儿的自觉行为。

（2）借助生活中自然而至的节日进行渗透。如：3月12日植树节，幼儿园开展"我与小树一起成长"活动；6月5日世界环境日，组织"环保小卫士"活动；9月20日全国"爱牙日"，组织丰富多彩的爱牙护牙教育活动等。

（3）在实践活动中渗透。如：观摩环卫工清运垃圾工作、参观社区超市、开展自然实践基地活动等，让幼儿潜移默化地开阔视野，陶冶情操。

（4）在故事儿歌等幼儿感兴趣的教学活动中渗透。幼儿园搜集了各种内容和类型的故事，特别是一些内含基本道德要素、关于人对自己、对别人、对自然采取正确态度的故事，如小蝌蚪找妈妈、羔羊跪乳、乌鸦反哺等。这些故事，教师讲，父母讲，幼儿讲，让幼儿在故事欣赏中感悟生命的价值和可贵的亲情，在类比借鉴中启迪智慧，让故事伴随幼儿的精神成长。

第四节 诸城幼儿园人文生态化教育实践概况

为实践幼儿园人文生态化教育理想，本人以诸城市教育局学前教育分管局长的身份，自2006年开始组建并带领课题组，以诸城市实验幼儿园为首个实验基地[9]，展开了长达十余年的实验。我们边实验，边研究，边推广，分阶段、分批次在全市全面实施幼儿园人文生态化教育。目前，我们主持的山东省级教研课题"幼儿园人文生态化教育实践研究"胜利结题，并获得省市科研成果一等奖；诸城市已涌现出很多所环境优雅宜人的人文生态化幼儿园。可以说，人文生态化教育实践取得了明显的成效。

一是幼儿素养的提升。在园幼儿具备的强健体魄、愉快情绪、良好生活习惯、自理互助能力、自信表达能力、主动探究能力和健康向上的精神面貌以及发展潜力，已得到学校、家长和社会的认可。

二是教师教育教学水平的提升。十几年来，教师们边研究，边学习，边实践，促进了自身教育教学理念的转变和能力水平的提升。最可贵的是年轻教师们对人文生态化教育理念的体悟和实践，即使是刚参加工作不久的年轻教师，也能很快从最初急于改变幼儿的焦虑中走出来，坦然地面对幼儿出现的各种问题，优雅地施加环境促变因子，然后像等待花开那样耐心等待幼儿的悄然转变——这表明整个教师团队素质的提升。

三是幼儿园办园条件和水平的提升。我们的幼儿园面貌和内涵发生了天翻地覆的变化，不仅是幼儿园生态环境的优化。园中绿树葱茏、鸟语花香，即使在冬天，苍翠的雪松和冬青也满含生机。回归自然的绿色环境为幼儿成长营造出了一个最基础的自然家园，人与自然和谐相处的画面随处可见，这更是办园水平的飞跃。诸城近年来有多所幼儿园被评为"潍坊市十佳幼儿园""潍坊市名幼儿园""山东省省级示范性幼儿园"，乃至"山东省十佳幼儿园"。

四是人文生态化课程体系的初步成型。如前述，以幼儿主题游戏活动为主体的人文生态化园本课程体系的构建取得重大进展。尽管课程尚需进一步调整充实，但课程鲜明的主旨、整体的框架已形成，教材建设和试验性实施也基本完成，下一步主要就是进一步优化完善的问题了。表2、表3为幼儿人文生态化课程体系的概貌：

表2：幼儿一日活动安排总表（实验幼儿园 5月1日—9月30日）

时间	环节	活动内容		
6:50—7:50	入园	晨检		
7:30—8:30	生活活动	7:20—7:50	晨诵／晨练	
		7:50—8:00	餐前准备	
		8:00—8:30	早餐	
8:30—9:30	游戏活动	周一	升旗	各园区具体活动
		周二、周四	户外韵律活动	
		周三、周五	游戏活动 区域活动	
9:30—9:50	加点	水果自助餐		
9:50—10:50	主题教育游戏活动	周一	主题教育活动	各园区具体活动
		周二、周四	主题教育活动	
		周三、周五	游戏活动 区域活动	
10:50—15:00	生活活动	10:50—11:00	餐前准备	
		11:00—11:30	午餐	
		11:30—11:50	餐后活动	
10:50—15:00	生活活动	11:50—12:00	午休准备 睡前故事	
		12:00—14:30	午休	
		14:30—15:00	午休后自主活动 午点	

续表

时间	环节	活动内容		
15:00—15:40	游戏活动 主题教育	游戏活动	主题教育活动	各园区具体活动
15:40—17:00	生活活动	15:40—15:50	餐前准备	各园区具体活动
		15:50—16:20	下午餐	
		小班：16:20—16:40 中大班：16:20—16:50	餐后活动	
		小班：16:40—16:50 中大班：16:50—17:00	离园准备	
16:50—18:00	离园	小班 16:50—18:00　　中大班 17:00—18:00		
18:00—结束		晚班离园		

表3：幼儿园主题游戏课程安排表（诸城市实验幼儿园）

学习阶段		课程时间（主题活动部分）				课程内容（主题活动部分）								
						课程主题总数			选用省普适主题数			新增园本主题数		
年级	学期	课时长（分）	周课时数	学期学周数	学期课时数	一级	二级	三级	一级	二级	三级	一级	二级	三级
小班	上	15	5	19±1	95±5	6	18	90	5	15	69	1	3	21
	下	20	5	19±1	95±5	7	20	100	6	17	70	1	3	30
中班	上	25	6	19±1	114±6	6	18	144	6	18	90	0	0	54
	下	25	6	19±1	114±6	7	19	160	6	17	85	1	2	75
大班	上	30	7	19±1	133±7	6	18	180	6	18	91	0	0	89
	下	30	7	19±1	133±7	6	20	200	6	17	73	0	3	127
合计		—	36	—	684±36	38	113	874	35	102	478	3	11	396

　　五是人文生态化教育实践指导体系的初步成型。现在已经形成人文生态化环境建设、人文生态化课程体系建设、人文生态化教育教学方法模式等一整套"有理念、

有内容、有方法、有过程"的相对完整的实践指导体系框架。这一扎根基层的教育实践指导体系已初步发挥作用，我市大部分城区幼儿园和许多农村幼儿园已积极应用这套指导体系进行幼儿园建设。

六是人文生态化教育成果在全国推介。我们努力行走在学前教育改革前沿，其研究成果先后获省市创新教育科研成果一等奖。创新的经验仅2012年1—5月，就先后在全国学前教育行政教研经验交流会、国家高级教育行政学院教育干部培训会等会上做介绍，2012年12月又在全国21世纪研究院"第三届地方教育制度创新奖大会"上做经验介绍。我们多次迎接各级领导现场观摩，上级教育行政部门多次向各兄弟县、市（区）推广我们的人文生态化教育理念。2013年，《现代教育报》第145期以"生态化教育从幼教启程"为题报道了诸城市学前教育改革实验。

下一步，我们将深化和完善以幼儿身心发展为核心的、较为完善的评价操作体系，促进生态思维及人文生态化教育方法理念对于区域学前教育实践的无缝覆盖。我们深信，人文生态化教育一定会为孩子们营造出无处不在的健康幸福成长的乐园。在生态文明新时代，通过人文生态化教育，切实提高孩子们的生态文明素养，为建设美丽新中国做出应有的贡献。

【参考文献】

1.[1] 冯晓霞.当代社会与当代儿童：从儿童生态学的观点看课程决策中的儿童 [J].学前教育研究，1996（03）：34-37.

　　[2] 卢珊.学校即社区：儿童生态学——来自夏山学校的视角 [J].现代教育论丛，2010（06）：20-24.

　　[3] 王钰城.教育生态与生态课堂的建设 [EB/OL].http：//blog.sina.com.cn/shsanzhi [2013-02-07].

2. 教育生态学：一门新兴交叉学科。它应用生态学的原理和方法研究教育，体现了当今自然科学和社会科学领域兴起的跨学科研究趋势。生态学原是生物学的重要分支，是研究生物与环境辩证统一关系的科学，也提供了一种"把个别和局部放在整体中系统考察"的科学思维方法。目前"生态系统"一词，不仅指生物学意义上的纯自然生态系统和人工自然生态系统，也指类似自然生态系统的任何有自组织和自矫正更新能力的动态开放系统，如人类社会、人体等。用生态学的思维方法研究教育规律也是一种新视角，整个教育系统可以看作是一个生态系统，教育者与被教育者则类似于生物学自然生态系统中的物种。

3. 尤里·布朗芬布伦纳（Urie Bronfenbrenner,1917—2005）：美国康奈尔大学教授，生态心理学创始人，同时是美国问题学前儿童启蒙计划的创始人，1979年出版《人类发展生态学》一书，系统阐述了其生态心理学和教育生态学理论。

4. 朱家雄.教育生态学 [A].钟启泉、李其龙主编.教育科学新进展 [C].西安：陕西教育出版社，1993:49.

5.2003年国家环保总局自然保护司杨朝飞司长答记者问时所言。

6. 时任中共中央总书记的胡锦涛在中共十八大报告中强调："建设生态文明，是关系人民福祉、关乎民族未来的长远大计。面对资源约束趋紧、环境污染严重、生态系统退化的严峻形势，必须树立尊重自然、顺应自然、保护自然的生态文明理念，把生态文明建设放在突出地位，融入经济建设、政治建设、文化建设、社会建设各方面和全过程，努力建设美丽中国，实现中华民族永续发展。"

7. 日本文部省亦曾于1984年委托有关人员对本国幼教现状进行了一次全面深入的调查。该调查中"最近幼儿的趋向"一项揭示了如下结果：被调查的800所幼儿园中——"不能自发游戏的幼儿增加"的幼儿园占81.3%；"仅获取间接经验，直接经验缺乏的幼儿增加"的园占83.2%；"不能养成基本生活习惯的幼儿增加"的园占82.9%；"对事物无动于衷的幼儿增加"的园占73.4%；"不关心他人、自我中心的幼儿增加"的园占69.8%；"冲动、不能自制的幼儿增加"的园占63.4%；"体力下降、易于疲劳的幼儿增加"的园占72.2%；"欺负弱小伙伴的幼儿增加"的园占36.1%；另外，精神不安定、依赖心强、不珍惜物品、不适应团体生活、知识增加而行动能力降低的幼儿也有不同程度的增加。[参见：李季湄.80年代日本的幼教改革.外国教育资料，1989（2）.]

8. 夏山学校位于英格兰萨福克郡的里斯敦村，成立于1921年，由教育家尼尔创办。夏山学校奉行极富弹性的教育方式，学生学习自由、民主自治。尼尔的名言是"让学校适应学生，而不是让学生适应学校"。

9. 之所以选择诸城市实验幼儿园作为实验基地，一是因为该园具有大陆较发达地区城市幼儿生态环境缺失的共性，有着实施人文生态化教育的内在需求；二是因为该园是一所优质的全日制公办幼儿园，作为潍坊市名园、潍坊市幼儿教师培训基地、山东省示范幼儿园，具有研究实践基础环境与能力，能够为城乡幼儿园创造经验并提供引领。

第二章 人文生态化环境创设

《幼儿园教育指导纲要（试行）》指出"环境是重要的教育资源，应通过创设并有效地利用环境促进幼儿的发展"，"要引导幼儿接触自然环境，使之感受自然界的美与奥妙，激发幼儿的好奇心和认识兴趣"，因而创设自然、生态的园所环境，充分发挥环境育人的功能，让幼儿在与自然的亲密接触中得到适宜的发展，是幼儿园义不容辞的责任。我们在实施人文生态化教育的过程中，把创设绿色、自然的室内外环境、建设"生态家园"放在首位，为人文生态化教育的实施打下了坚实的生态环境基础，提供了丰富的课程资源。

第一节 户外人文生态化环境创设

一、户外人文生态化游戏区域环境创设

户外人文生态化游戏区域环境创设是幼儿园实施人文生态化教育的基础。幼儿园根据户外场地实际，通过栽种多种类、多层次、立体化的花草树木，逐步形成"园在林中，人在花中，乐在园中"和"三季有花，四季常绿"的园内自然生态环境，在美化、绿化幼儿园的同时，为全面实施人文生态化教育打下良好的基础。在创设整体生态环境的基础上，因地制宜地规划、创设多种形式的生态化游戏区域，如通过种植低矮的草坪、栽种错落有致的灌木和乔木等，营造出野战营、森林探险、农家乐、小树屋等幼儿喜欢的生态化游戏区域。在这样的生态环境中，幼儿在快乐游戏的同时与大自然亲密接触，充分认识自然、感受自然，从而形成热爱自然、尊重自然、顺应自然、保护自然的生态文明素养。

（一）户外人文生态操场

图 2-1 户外生态操场

图 2-2 户外生态操场

图 2-3 户外生态操场

图 2-4 户外生态操场

图 2-5 户外生态操场

图 2-6 户外生态操场

图 2-7 户外生态操场

图 2-8 户外生态操场

（二）户外人文生态沙池

图 2-9 户外生态沙池

图 2-10 户外生态沙池

（三）户外人文生态水池

图 2-11 户外生态水池

图 2-12 户外生态水池

图 2-13 户外生态水池

图 2-14 户外生态水池

图 2-15 户外生态水池

图 2-16 户外生态水池

图 2-17 户外生态水池

图 2-18 户外生态水池

（四）户外人文生态游戏区

图 2-19 户外生态游戏区

图 2-20 户外生态德育剧场

图 2-21 户外农家乐游戏区

图 2-22 户外生态游戏区

图 2-23 户外生态游戏区　　　　　图 2-24 户外综合生态游戏区

（五）户外人文生态阅读区

图 2-25 户外生态阅读长廊　　　　图 2-26 户外生态阅读区

（六）户外人文生态综合区

图 2-27 户外生态活动区　　　　　图 2-28 户外生态活动区

图 2-29 农家小院游戏区

图 2-30 综合生态游戏区

图 2-31 户外生态长廊

图 2-32 户外生态植物园

图 2-33 户外生态活动区

图 2-34 户外生态植物园

二、户外人文生态化自然认知环境创设

（一）人文生态化微景观环境创设

人文生态化微景观环境是指在规划了幼儿园生态游戏区、生态种植区、生态饲养区等区域环境之后，在园内剩余的边角条地，将立体化（草坪、草本花、木本花、灌木、乔木，至少三个层次）、多样化的生态种植和奇石组合成人文生态化微景观。例如铺设一条蜿蜒曲折的、穿插在树与树空隙之间的小路——生态感观体验小路。

小路由鹅卵石、大理石、木板、树桩、青石板、细沙、碎石子、草坪、钢化玻璃等不同触感、不同颜色、不同形状的材质铺成，长和宽分别为30米、1米左右。小路中间搭一座木质小桥，桥下是用鹅卵石铺底的小溪流，与幼儿园整体的生态化环境融为一体。孩子们在真实的自然环境中用脚丫去感受小路上不同材质带来的触觉享受，用眼睛去欣赏不同颜色、不同形状带来的视觉盛宴，用鼻子去闻各种花草树木带来的清香，用小手去触摸小溪流带来的清冽……类似感观小路的多种形式的微景观，使园内边角小环境更加生态化、动态化，为孩子搭建了接触自然、观察自然、认识自然的平台。学习和游戏回归自然，让他们乐在其中，学在其中，"喜欢自然，认识自然，人与自然和谐相处"的教育目标也就自然而然地实现了。

图 2-35 生态微景观——荷花池

图 2-36 生态微景观——幼儿园一角

图 2-37 生态微景观——阅读角

图 2-38 生态微景观——感官体验路

图 2-39 生态微景观——幼儿园门口

图 2-40 生态微景观——小花园

图 2-41 生态微景观——立体生态墙

图 2-42 生态微景观——幼儿园一角

图 2-43 生态微景观——幼儿园周边

图 2-44 生态微景观——幼儿园周边

图 2-45 生态微景观——大树下

图 2-46 生态微景观——草地上的十二生肖

第二章　人文生态化环境创设

图 2-47 生态微景观——院墙内外

图 2-48 生态微景观——幼儿园门口

（二）人文生态化种植区环境创设

　　人文生态化种植区环境是指在幼儿园的适当区域，利用畦埂或果树（山楂树、柿子树、杏树、石榴树、梨树等）间隔成规则的条块，进行各季节常见瓜果蔬菜的种植，让孩子们参与这些瓜果蔬菜的播种、成长、收获的全部过程。有条件的幼儿园可以在园外开辟一定规模的生态农场，种植有机蔬菜和粮食。这样，一方面可供给在园幼儿食用，让孩子吃上绿色无公害的有机食材；另一方面可作为幼儿的园外实践活动基地，定期组织幼儿到生态园进行参观、种植、采摘、野炊等活动。园内外的生态化种植区能让孩子们在亲身体验中加深对常见蔬菜瓜果的认知，丰富孩子们的生活经验，同时让孩子们形成喜欢植物、爱护植物的人文生态文明素养。

图 2-49 户外生态种植环境

图 2-50 户外生态种植小农场

图 2-51 户外生态认知环境

图 2-52 户外生态种植环境

图 2-53 幼儿园专用有机生态农场

图 2-54 幼儿园专用有机生态农场冬季大棚

图 2-55 幼儿园专用有机生态农场水果种植采摘区

图 2-56 幼儿园专用有机生态农场水果种植采摘区

（三）人文生态化饲养区环境创设

人文生态化饲养区环境是指在幼儿园适当的位置，设置便于孩子观察、喂养的兔子、鸽子等动物饲养区，在饲养区内适当栽种小草、灌木、乔木等植物，营造绿色生态的养殖环境。孩子们在喂养、关爱小动物，陪伴小动物成长的过程中，进一步加深对小动物的认知，同时形成喜欢动物、爱护动物的人文生态素养。

图 2-57 树荫下的生态散养区

图 2-58 生态散养区

图 2-59 生态饲养区

图 2-60 草地上的生态饲养区

第二节 室内人文生态化环境创设

一、室内人文生态化种植区环境创设

幼儿园在门厅、走廊、活动室等室内区域设立"自然角""种植角",栽种小型的适合室内种植的蔬菜、农作物、花卉等。孩子们与这些"自然朋友"和谐相处,近距离接触,参与播种、浇水、松土、施肥、治虫、收获、分享等全过程,从中获得对植物的认知,感受生命的神奇、劳动的快乐和收获的幸福,从而萌发对植物的喜爱之情。

二、室内人文生态化工作坊环境创设

在幼儿园门厅、走廊、活动室内区角(有条件的幼儿园可以设置单独活动室)等

室内区域设置生态编织、生态彩绘、生态食品加工、生态小剧场等游戏（操作）工作坊。投玉米皮、石子、秸秆、树叶、各种环保废旧物品、染料等低结构、自然的游戏（操作）材料，供幼儿在其中自主创作，自由发挥，变机械玩为创意玩。这样不仅让教师从玩教具加工中解放出来，而且能更好地激发孩子想象、创造的积极性，给予孩子主动发展的空间。

图 2-61 室内人文生态环境创设

图 2-62 楼道人文生态环境区角

图 2-63 室内人文生态自然角

图 2-64 楼道人文生态环境创设

图 2-65 室内人文生态剧场

图 2-66 室内人文生态剧场

第二章 人文生态化环境创设

图 2-67 楼梯拐角人文生态彩绘　　图 2-68 楼梯拐角人文生态彩绘　　图 2-69 楼梯拐角人文生态彩绘

　　　图 2-70 室内种子游戏区　　　　　　　　　图 2-71 室内麦秸游戏区

　　　图 2-72 室内生态食品制作坊　　　　　　　图 2-73 室内生态工作坊

第三章　人文生态化活力游戏组织与实施

人文生态化活力游戏是一种全面创新的游戏。游戏是幼儿园的基本活动，让"游戏——点亮快乐的童年"不是一句空话，它能充分调动幼儿的主动性和创造性，使儿童的心理素质和个性品质在自由、快乐的氛围中都得到较快较好的发展。近年来，随着学前教育研究的深入，越来越多的幼教人意识到游戏对于幼儿发展所起到的不可替代的作用，纷纷致力于游戏的研究和开发。对于幼儿游戏的探索和实践，也在如火如荼地进行。

然而纵观当前幼儿园游戏活动的研究与实践，大多数幼儿园更多关注的是游戏区域的设置、游戏材料的投放、游戏活动的组织等方面的问题。而对于幼儿游戏环境的价值，即孩子在什么样的环境下游戏更有利于促进孩子能力的发展、更有利于对孩子进行品德教育、更能促进孩子健康科学成长的研究却少之甚少。这显然没有很好地落实《3-6岁儿童学习与发展指南》与《幼儿园教育指导纲要》中"经常接触大自然，感受自然界的美与奥妙，从而萌发爱护动植物、关心周围环境、珍惜自然资源的美好情感"的相关要求，同时也与当前"人与自然和谐共生的生态文明建设理论"相悖。

因而，为更好地落实《3-6岁儿童学习与发展指南》与《幼儿园教育指导纲要》精神，加强游戏活动的研究，优化游戏活动组织，升华游戏活动的德育价值，在生态化游戏区因地制宜地规划、设计、制作一系列孩子喜欢、家长认可的活力玩教具，是实施人文生态化活力游戏的关键。特别是因地制宜，本着中外结合、古今结合的创新原则，规划、设计、制作大型树屋、观光平台等综合攀爬玩具，是创建人文生态化活力幼儿园较大的难点。

人文生态化活力游戏，是一种全新的游戏方式。以创设园内生态和谐优美的人文生态化环境为基础，以促进幼儿健康幸福成长、培养率真向上的好儿童为目标，让幼儿园里的角角落落都能成为孩子游戏和活动的场地。追求"人与自然、人与人、人与自身"和谐发展,让孩子回归自然,在大自然中寻找乐趣,在社会生活中学会观察,在实践活动中提升能力,在潜移默化中丰富知识。如有趣的丛林探险、郁郁葱葱的林中小树屋、观光平台、高空滑索、各种形式的攀爬玩具、硕果累累的果园、吃喝玩乐一条龙的农家小院、石子、泥巴、生态沙池、生态水池等,都会引起幼儿浓厚的兴趣,给幼儿带来无限的生机和活力。孩子们在生态化环境中玩活力游戏,如攀爬、探险、寻找、采集、触摸、操作等,可以发现大自然的许多奥秘。幼儿园人文生态化活力游戏,提高了孩子的活力,增强了孩子的体质,促进了孩子的健康,培养了孩子团结合作、互帮互助互让的优良品质和喜欢自然、保护自然的生态文明素养。它们既能让孩子健康幸福成长,又符合时代需求,成为幼儿园人文生态化教育的最大亮点。

第一节 生态化活力创新游戏的设计与实施

户外

游戏一 好玩的树屋、观光平台等综合攀爬玩具

游戏目标: 1.能有序、快速地登上树屋,发展攀爬、平衡等运动技能。2.感受大树"帮忙"而产生的游戏快乐,通过与大树结合的小树屋、观光平台近距离观察树冠的生长情况,引导孩子保护有生命的大树和树上的鸟巢,培养孩子认识自然、爱护环境的生态文明素养,从而达到人与自然和谐相处的目的。

游戏准备: 用防腐木制作的和树结合的树屋、观光平台、用轮胎和绳子制作的攀爬网格、沙袋、秋千、吊绳、吊环、垂悬平衡木、爬笼、滑梯、攀爬梯、攀爬墙等。

游戏建议: 利用大树构建多层次的树屋、观光平台等综合攀爬游戏场所,创造紧凑而又统一的空间序列。各种攀爬、悬吊和平衡运动器材通过层层串联、有机组合,形成高低错落、多样化的趣味游戏空间。

玩法一 我们来闯关

在登树屋的过程中设置轮胎墙、平衡桥、攀爬网等作为关卡,鼓励幼儿勇敢、有序通过,最终登上小树屋,在小树屋内从各个角度俯瞰幼儿园的生态园林美景;也可在小树屋内读绘本、玩娃娃家的角色扮演游戏,心旷神怡,如在画中游。游戏结束后可以从树屋小门口直接顺着滑梯滑到地面。(图 3-1—图 3-4)

图 3-1   图 3-2

图 3-3   图 3-4

玩法二　我是攀爬高手

在树屋下设置各种形式的攀爬器材，鼓励幼儿敢于挑战，勇攀高峰。

1. 好玩的吊环：要求幼儿双手抓住绳索，用脚尖攀住吊环，双脚支撑身体站立起来，做各种高难度动作。这项活动能很好地锻炼幼儿的臂力。

2. 四绳攀爬：用双手抓住其中两根绳索，用双脚钩住另外两根绳索，借助手臂力量进行攀爬。

图 3-5   图 3-6

玩法三　树屋的诱惑

充分利用树屋周围的空间，设置各种形式的游戏区，供幼儿游戏、运动。

图 3-7

图 3-8

1. 过家家：利用垫子、小桌子、小帐篷等，在树屋下面创设娃娃家场景，几名幼儿一组，玩过家家的游戏。

2. 走平衡木：在树屋下，设置各种垂悬平衡木等平衡设施，幼儿可以进行各种各样的平衡练习。（图 3-10—图 3-11）

图 3-9

图 3-10

图 3-11

3. 拳击游戏：将沙袋悬挂于树屋下的合适位置，引导幼儿练习拳击运动，或者抱着沙袋玩打转游戏。

图 3-12

4.荡秋千：将秋千悬挂于树屋平台下的合适位置，让幼儿进行荡秋千游戏。（图3-13）

图3-13

图3-14

玩法四　木屋小剧场

在小木屋观光平台下设置一个立体舞台，此舞台可用来举行一些文艺演出，同时也为幼儿生态剧表演以及韵律操展示提供了场地。（图3-14）

玩法五　观光平台

幼儿在观光平台上，近距离观察树冠的生长情况，感受登高远眺与在地面仰视的不同。

图3-15

图3-16

图3-17

第三章　人文生态化活力游戏组织与实施

图 3-18

图 3-19

注意事项： 1.游戏前，教师强调游戏规则，做到有序、不争抢、手扶牢、脚踩稳；游戏时，教师要始终关注小树屋、观光平台等综合玩具上的孩子，避免发生安全事故。2.在游戏过程中，要提醒幼儿爱护环境，不乱折攀爬区顶端的树叶和树枝。

游戏二　生态综合攀爬

游戏目标： 1.在生态化环境中，进行攀爬活动，亲近自然，掌握各种攀爬技巧，能灵活自如地攀上玩具"顶峰"。2.勇于挑战各项攀爬项目，发展动作的灵活性和协调性，同时培养勇于挑战困难的良好品质。

游戏准备： 户外生态综合攀爬玩具（软梯、吊绳、攀爬轮胎、攀爬架等）、生态化活动场地、轻松愉快的音乐。

游戏建议： 利用幼儿园的绿化区域，可在较粗大的树枝上架设攀爬绳、攀爬轮胎、吊床、荡梯等，使幼儿在游戏的过程中最大程度地亲近自然，让幼儿身心、情感在生态环境中得到健康、愉悦的体验。

玩法一　攀爬练习

幼儿选择适合自己或自己喜欢的器械（软梯、吊绳、攀爬架等）进行攀爬练习。教师要随时提醒幼儿正确地攀爬，提醒幼儿要有安全防范意识，比如爬网时应注意脚不能钩在绳子里、一定要抓稳、拉绳时身体不能过于后仰等。教师要注意巡回指导，重点关注能力弱的幼儿、选择难度较大的器械进行攀爬尝试的幼儿，要在爬网练习时集中指导。（图 3-20—图 3-22）

图 3-20

图 3-21　　　　　　　　　　　　　　　　图 3-22

玩法二　攀爬闯关

制订攀爬路线，自由分组，进行闯关活动。请幼儿自由分成两组，在老师指定的地点出发，沿指定的攀爬路线进行比赛。先爬软梯到顶端后，从轮胎架下来，再由攀爬架往上爬，然后S形返回，就能到达终点拿到彩旗。在规定时间里拿到的彩旗多的小组获胜。（图 3-23）

图 3-23

玩法三　快乐争夺战

老师将代表着宝藏的物品放置于攀爬架最顶端，将班级孩子分成三组，每组派一名代表分别在攀爬架的三个侧面进行准备。老师发出"开始"指令后，三名小朋友分别从三个面向上攀爬，哪一组先爬到顶端取得宝藏，哪一组获胜。（图 3-24—图 3-25）

图 3-24　　　　　图 3-25

玩法四 攀爬比赛

攀爬架中间位置有一根悬空的绳索,老师邀请一名小朋友利用绳索向上攀爬。攀爬到顶端时,小朋友需从攀爬架一侧的攀爬网向下攀爬到底端;到达底端后,与第二名小朋友拍手,第二名小朋友开始按照上述路线进行攀爬;直到所有小朋友全部攀爬完毕后,请小朋友们围坐在一起交流攀爬技巧。攀爬时,其他小朋友可语言鼓励正在攀爬的小朋友。(老师计时,看哪个小朋友用时最短。)

图 3-26

玩法五 平移攀爬

攀爬架分为四个侧面,老师邀请所有小朋友依次有序从侧面 A 向上攀爬;攀爬至中间平台位置时,平移到侧面 B、C 继续向上攀爬;攀爬到顶端后,再平移到侧面 D,向下攀爬到底端。所有孩子按照顺序依次循环进行攀爬活动。(图 3-27—图 3-28)

图 3-27

图 3-28

玩法六 四绳攀爬

幼儿踩在板上,脚背钩着绳子,双臂绕过后面的两根绳,用双手抓紧前面的绳索,双手和双脚同时用力往上攀登。爬到顶端后可以先用一只脚钩住另一攀爬架的绳索,再把手伸过去,慢慢转移重心,飘移到临近的攀爬架上。

图 3-29

图 3-30

玩法七　单绳攀爬

幼儿双手抓住绳索，脚和腿同时用力往上爬。（图 3-30）

玩法八　格子攀爬

幼儿可从四周踩着格子状的攀爬架攀登。可以往上爬，也可以横向爬。爬到顶端后，于树伞之间，看树叶摇曳，听小鸟歌唱，随心所欲，其乐无穷。（图 3-31）

图 3-31

玩法九　胜利就在前方

此游戏的创设目的在于锻炼幼儿的手臂抓握能力和耐力。幼儿需用手抓住栏杆，从左往右依次通过。游戏时需注意通行方向一致，避免"撞车"现象的发生。幼儿

玩此游戏时，老师需要时刻关注幼儿安全。(图 3-32—图 3-33)

图 3-32

图 3-33

注意事项：1.幼儿攀爬时要注意自己和同伴的安全，必须在老师或家长的看护下进行。2.活动过程中，教育幼儿勇敢顽强，团结协作，努力完成任务。

游戏三　丛林探险

游戏目标：1.在生态广场上，掌握各项跑跳、攀爬等运动技巧，能灵活自如地通过各种探险项目。2.积极参与各项探险项目，发展平衡、钻爬、攀登等能力，同时体验探险带来的快乐。3.体验丛林植物带来的游戏快乐，形成喜爱植物、保护植物的生态文明素养。

游戏准备：1.收集废旧的电缆磙子、大型油漆桶，将其擦拭干净、消毒、晾干后，涂上各种彩色环保漆，并对其进行二次固定加工，投放在户外活动区。2.用防腐木和其他相关材料组合设计成高、中、低三种不同规格的跳箱、吊桥、爬笼等器械，并配备相应的弹簧踏板和体操垫。3.鼠洞架一个，软锤两个。

游戏建议：在"林间"设置各种难易不同、风格迥异的关卡，鼓励幼儿依次通过。

图 3-34

图 3-35

玩法一　勇敢者之路

把平衡、钻爬所需的轮胎、梅花桩、吊桥等多种器械组合在一起。游戏时，幼儿经过吊桥，走过梅花桩，钻过"山洞"，绕过小椅子，然后跑到终点。不同的路径上，有不同难度的运动器具，可以钻、跑、跳、走、爬等，充满了浓浓的生态意味和野趣。（图3-36—图3-39）

图3-36　　　　　　　　　　　　图3-37

图3-38　　　　　　　　　　　　图3-39

玩法二　花样玩绳索

1.在大树和大树之间（大约10米）拉上绳子，脚下是草坪，幼儿可在绳子上面来回游荡、行走。2.在大树上挂上绳梯和竹梯，让孩子自由攀爬。（图3-40—图3-41）

图3-40　　　　　　　　　　　　图3-41

玩法三 快乐滚筒

1.将跳箱按高、中、低的顺序排成一列，幼儿依次排好队，用手臂支撑在跳箱前方，两腿呈"一"字，进行跳跃动作。2.幼儿站到滚筒上，脚掌用力带动滚筒向前行进。幼儿双手平举（或放于身体两侧），保持身体平衡，站到滚筒上，与滚筒一起向前移动，也可保持身体平衡向后移动；或两名幼儿一同站在滚筒上向前行进，也可向后移动。（图3-42）

图3-42

玩法四 打地鼠

两名幼儿手持软锤做打地鼠者，其他幼儿扮"小地鼠"藏于鼠洞架下。游戏开始时，"小地鼠"迅速从鼠洞钻出头，并快速拍响铃铛；打地鼠者用软锤敲击钻出来的"小地鼠"，"小地鼠"则快速蹲下。游戏过程中，打地鼠的幼儿要攥紧软锤，快速敲击不断露头的"小地鼠"。这个游戏可以锻炼幼儿的反应能力以及手眼协调能力。（图3-43）

图3-43

注意事项： 1.游戏前，教师一定要先强调游戏规则——不推不挤，注意自己及他人的安全，提高自我保护意识；在游戏过程中，教师需全程监护幼儿，防止幼儿摔伤和扭伤。2.注意幼儿的活动量，适当控制游戏时间。

游戏四 小小野战兵

游戏目标： 1.能在快速及躲闪跑的过程中绕过各种障碍，并保持身体的平衡，提高身体的协调性和灵活性。2.在野战的角色情境中，培养幼儿自主自信、勇敢坚持等优良品质。3.积极探索并尝试野战营的多种玩法，学习与同伴分工合作、友好协商，体验团队活动的乐趣。

游戏准备： 生态园林、"电网"（将一张网的四角固定在树上）、沙袋、呼啦圈、轮胎、沙包、投掷物、障碍栏、"手枪"、"手榴弹"、触摸物、迷彩网、地垫、梯凳、推车、大纸箱等。

游戏建议： 对于军营生活，孩子们一直感到神秘和向往，在他们的眼里，士兵是最勇敢、最不怕困难的。绿树丛林的生态化环境是孩子们玩野战的最佳场地。充分利用幼儿园内的生态园林，让孩子们在布满障碍和挑战的小树林中滚、翻、匍匐前进、攀爬、跳跃，完全沉浸在角色中。生态化环境中的野战游戏，能尽显孩子们的不同个性，能给孩子们带来新鲜感和趣味性，进而让孩子们感受到团队合作的快乐，也可以让孩子们在生态自主游戏中增强交流、合作等能力。

玩法一　穿越火线

孩子们拿着小手枪，在起跑线上听到指令后，用膝盖着地爬或匍匐前进爬。爬过"电网"，冲过"封锁线"，然后跨过或钻过悬挂的呼啦圈，纵跳触物后跨过低障碍栏，荡过小船，攀过攀登架，进入城堡或躲进防空洞进行射击或投掷。待熟悉游戏后，降低"电网"的高度，增加呼啦圈的高度，加大"封锁线"的密

图 3-44

度，一次需跨跳两个木墩。两队幼儿分别躲进轮胎、纸箱或用沙袋遮挡身体进行掩护，用"手榴弹"或水枪射击对方。被击中的幼儿撤出场外，最后剩余人数多的一队获胜。

玩法二　野战丛林

利用生态园林内的大树拉起"天网"，用木棍、绳子做攀爬网，用麻袋搭建"战壕"，把废旧的轮胎堆成"冲锋顶"，再布置战地医院，以此打造大型野战丛林。幼儿穿上战斗的军装，分成绿队和蓝队进行战斗：有的手持冲锋枪，有的趴在瞭望塔上侦查，有的趴在战壕里扔"手榴弹"；大家再匍匐前进爬过"天网"，

图 3-45

越过攀爬网，最后进入"战壕"。经过激烈的战斗，爬上"冲锋顶"，夺得小红旗，取得最后的胜利。战地医生随时做好救援的准备，发现伤员及时救治。（图3-45—图3-47）

图 3-46

图 3-47

注意事项：1.幼儿可利用轮胎、沙袋、竹梯、木板、纸箱、绳网等自主布置场地。2.学习自行通过协商、抽签等方式进行角色分配和分组游戏。3.遵守游戏规则。过"电网"时，必须运用胳膊和腿部的力量匍匐爬行；必须按指定的路线过关后，才能开始射击；游戏过程中如发现"触电"或被击中（匍匐前进时，身体碰到网），必须从左边草地上返回起点，重新开始游戏，直至完成任务后方可结束游戏。4.在对战活动中，幼儿要明确自己的角色任务。5.在防守进攻、躲避偷袭等环节中要注意安全，不要被缠有线的凳子绊倒。6.游戏中注意保护花草树木，不要随便折树枝。

游戏五　生态攀爬沙池

游戏目标：1.练习用不同的方法挖战壕，学习深挖、压、拍等技能。2.合理、巧妙地借助多种挖沙工具和辅助材料来建构战壕，锻炼幼儿的小肌肉以及动作的协调性。3.遵守玩沙规则，爱护自己和同伴的作品，不扬沙、扔沙，体验玩沙的快乐。

游戏准备：林荫下的沙池、塑料铲、小桶、玩具工程车、模具、PVC管、恐龙模型、绿植模型、轮胎、小旗子等。

游戏建议：沙分为干、湿两种，其中后者可塑性较强。预备好各类沙滩玩具，让幼儿在熟知玩沙游戏规则的前提下尽情玩耍。

玩法一　挖战壕

设置情景：刚刚我接到一个任务，要我们去营救被关在岛上的人质。敌人就在旁边，我们用什么办法既能营救人质又不被敌人发现呢？以此引出挖战壕游戏。

图 3-48

教师小结： 我们可以借助工具挖，小心轻放，才不会扬起沙；战壕挖得深，才不会被敌人发现。（图3-48）

玩法二　堆城堡

引导幼儿利用玩沙工具堆城堡，在合作中发展幼儿的动手能力，让幼儿感知沙的可塑性。教师适当介入指导，如引导幼儿在沙中加入些水，提高沙的可塑性等。（图3-49）

图3-49

玩法三　创意玩沙

1. 沙中寻宝：两名幼儿一组，一名幼儿在规定区域内藏好指定物品，另一名幼儿在规定时间内寻找。

2. 动物园：用模具制作各种小动物，借助积木制作围墙，并投放恐龙模具、仿真绿植等，创作动物园场景。

3. 沙中作画：在沙地上绘画。

玩法四　沙中攀岩

利用沙池中的攀爬墙，进行攀岩、攀爬活动。不必担心幼儿坠落跌伤，孩子即使不小心坠落沙池，也不会受伤，反而会得到无穷乐趣。这项活动，能锻炼幼儿大肢体动作的发展及身体协调能力的发展。

注意事项： 1. 游戏前，教师一定要先强调游戏规则，避免幼儿扬沙。2. 教师要适当介入指导，避免幼儿漫无目的地游戏。3. 注意保护沙池中或沙池周边的树木。

游戏六　生态水池

游戏目标： 1. 在生态游戏区开辟幼儿喜爱的戏水池，让幼儿在与水的游戏中探究、感知水能流动、具有浮力等特性，加深对水的认知。2. 熟练操作各种水上玩具，提高身体的协调性、平衡性。3. 积极探索水中游戏的新玩法，形成亲近水、爱护水的人文生态素养。

游戏准备： 林荫中的水池、微型小船、钓鱼玩具、水枪、水桶、雨鞋、矿泉水瓶、海洋球、水车、漏斗、PVC管等。

游戏建议： 水对于孩子们来说具有天然的吸引力，他们在接触水或者在水里玩的时候，是最快乐的时光。沙、水作为无结构材料，可塑性大，富于变化，又可配合各种玩具开展游戏，充分发挥孩子们的想象力和创造力。在户外游戏空间规划设计阶段，应当对现有的水源，如小河、池塘等，进行最大化的保护。另外，也可以在游戏空间中设置儿童戏水区，利用水生动植物构建生态水池，这对孩子们近距离地接触自然，观察并了解生命循环和自然环境，了解微生态环境，具有重要的教育意义。

玩法一　和水宝宝做游戏

水池内预先放入水车、水桶、PVC管、带孔的矿泉水瓶子、海绵、海洋球等，让幼儿挑选自己喜欢的玩具，和水宝宝做游戏。（图3-50）

玩法二　水宝宝搬家

引导幼儿动脑筋、想办法，利用手头上的工具运水，如海绵、水管等，将水从水池引入沙池、种植园地等，充分发挥幼儿的主观能动性。

图3-50

玩法三　划船游戏

幼儿驾驶微型卡通小船，环水池一周，即为挑战成功。教师要在水池中做好安全防护。（图3-51）

玩法四　水枪大战

图3-51

幼儿将水枪装满水，分两组进行对战游戏。对战前，教师一定要强调规则：集体灌满水，统一听口令，避开脸部、头部，只喷身上和脚下。

玩法五　钓鱼比赛

将带磁力的各种小鱼、小虾的模型，投放水底。幼儿人手一个钓鱼竿，进行垂钓比赛，以此来锻炼幼儿的手眼协调能力、计数能力等。

注意事项：1.游戏前教师一定要先强调游戏规则。2.每次玩水前要与家长进行沟通，请家长配合，为孩子带一身备用衣服和毛巾。3.注意保护水池周边的树木。

游戏七　生态滚筒

游戏目标：1.在生态操场上，掌握控制滚筒的方法，能灵活控制滚筒向前运动。2.锻炼下肢力量，提升身体的平衡性。3.在幼儿学习控制滚筒的过程中，培养其持之以恒、敢于挑战的良好品质，并让孩子体验游戏带来的快乐，在游戏过程中学会爱护自然，与自然和谐相处。

游戏准备：收集废旧的电缆碌子、大型油桶，将其擦拭干净、消毒、晾干后，涂上各种彩色环保漆，并对其进行二次固定加工，投放在户外活动区，供幼儿使用。

游戏建议：幼儿站到滚筒上，脚掌向前用力，带动滚筒向前行进。幼儿双手平举（或放于身体两侧），在身体平衡的前提下站到滚筒上，与滚筒一起向前移动，也可向后移动；或两名幼儿一同站在滚筒上向前移动，也可向后移动。（图 3-52）

图 3-52

注意事项：1.在游戏过程中，教师需全程监护幼儿，防止幼儿摔伤。2.幼儿玩耍过程中，不要让滚筒滚入周边花丛中，保护大自然环境。

游戏八　生态轮滑

游戏目标：1.生态化环境中，轮滑能激发幼儿对运动的热情，提升幼儿对美的感受力和对大自然的热爱与亲近。2.熟练掌握轮滑的技巧，能独立滑轮滑，以此发展下肢力量、平衡性。3.在学习轮滑过程中，锻炼做事持之以恒的良好品格。

游戏准备：轮滑鞋、护具、头盔、生态化活动场地、轻松愉快的音乐。

游戏建议：幼儿园生态化环境中绿莹莹的树下、硬实的路面，都是孩子们进行轮滑运动的最佳场所。在园所中，我们提倡轮滑活动与生态化环境有效结合，把运动和快乐还给孩子。（图 3-53）

图 3-53

玩法一　轮滑初体验

在生态化硬实小路上，小朋友在教练的引导下，模仿小鸭子（小鸭子走路的时候，两只脚也是呈"外八字"，踏步向前），两脚分开，膝盖微微弯曲，站立 1~2 分钟；接着学小鸭子走路。可以先在塑胶场地等摩擦系数大的地方练习，再转入平滑地面练习。

玩法二 轮滑过障碍

在林荫小道上随意杂乱摆放小草和小花的模型，并告诉孩子们花草都属于自然界的一分子，我们要爱护花草树木，与它们一同成长。活动开始后，请孩子们在小道的起点准备，老师发出指令后，请小朋友们依次从小道的一端滑到另一端。在滑行的过程中，要告诉孩子们避免鞋子碰到小道上摆放的小草和小花。此活动可以锻炼孩子们的轮滑技能，培养孩子们热爱花草的意识。

注意事项： 1.选取一双合脚、舒适、轻盈的轮滑鞋，建议穿棉质运动长筒袜，佩戴完整护具。2.活动前要先做热身运动，除了轻、慢滑行外，还要拉韧带，活动髋、膝、踝关节5~10分钟。3.幼儿正处在生长期，滑行时腰部、膝关节、脚踝需要用力支撑身体，如果时间过长，容易导致局部负担过重，因此需注意活动时间不要过长，最好控制在50分钟以内。4.活动过程中需提醒孩子爱护花草树木，注意躲避花草树木。

游戏九 生态足球

游戏目标： 1.生态足球，可以激发幼儿的运动兴趣；生态化足球场，更可以提高幼儿的审美能力，增强幼儿对大自然的热爱和亲近。2.逐步掌握足球运动的规则和各项运动技能，做到科学锻炼。3.在足球运动中，锻炼幼儿的腿部力量、跳跃能力、灵活性、平衡性等身体素质以及对身体肌肉的控制力。4.培养幼儿对事物的专注性、沟通交流能力、拼搏精神、团队合作能力等。

游戏准备： 生态化足球场、足球、动感音乐。

游戏建议： 把生态环境与足球运动场地相结合，让幼儿感受到生态环境带来的运动舒适感以及满足感。（图3-54）

玩法一 踢球接力

在生态化足球场上，幼儿在教师的带领下，学习脚弓内侧踢球技巧。幼儿前后站成一条直线，双腿分开，形成一条长长的隧道；队伍最前面的幼儿带球，用脚弓内侧踢球，让球经过所有幼儿的胯下；最后一名幼儿拿到球，快速跑到队伍最前面准备踢球；踢完球的幼儿站到队伍的最前面，依次游戏，让幼儿感受到在大自然中玩足球游戏的快乐。

图3-54

玩法二　过障碍运球

在生态足球场上，幼儿在教师的带领下，练习脚弓内侧运球技巧。在足球场将10盆花草，摆成一排，花草之间留一定距离。幼儿用脚弓内侧向前运球，以"S"形绕过前面所有的花草，把球踢进球门。此游戏可以让幼儿感受到足球游戏化、游戏生态化带来的运动快感。（图3-55）

图3-55

注意事项：1.在进行足球运动时，穿宽松合体、透气吸汗的运动服，以及合脚的运动鞋。2.足球运动前，先进行热身运动，从手腕、颈部、肩部、腰部、膝盖、脚踝到腿部肌肉的拉伸，使身体在进入剧烈运动前有一个准备过程。3.踢球时，教师要及时纠正幼儿的踢足球动作，多鼓励幼儿参与游戏。4.足球运动由于跑动较多，要根据幼儿的运动量，让幼儿定时休息。

游戏十　生态木工坊

游戏目标：1.了解常见木工工具的名称、用途，初步掌握各种工具的使用方法，尝试修补生活中的木制品。2.培养孩子的工匠精神，激发孩子的创造力，锻炼其手脑协调能力。3.在优美的生态环境中创建木工坊，让孩子感受中国传统木工的魅力，在木工活动中获得动手的乐趣。

游戏准备：生态园林中的木工坊、安全帽、木工工具墙、幼儿园专用木工桌、材料储物柜、锤子、老虎钳、扳手、螺丝刀、螺丝、长木条、需要修补的桌椅板凳。

游戏建议：中国木工工艺有着悠久的历史，在我们的生活中，木工制品无处不在，简单实用的家具、精雕细琢的艺术观赏品，都是人们创造性智慧的结晶。木工制品的加工过程是一个动手动脑的综合过程。幼儿园可以在园所一角树丛中，建立木工坊活动区，让孩子们在树荫下体验和学习这项传统工艺。（图3-56—图3-57）

图3-56

玩法一　锯

家长与幼儿两人合作，把一根两米长的杉木锯成若干段。这一过程，家长是主导，但幼儿也不只是被动的学习者，他们可能会觉得以"拉锯"为主的锯木头方法新鲜有趣，从而参与热情升高。"拉锯"不仅能锻炼幼儿的臂力、协调力，也能让幼儿理解"1"

是如何分成"许多"的这一数学知识。

玩法二　劈

这部分活动要求家长与幼儿把锯下来的木料按照不同需求,用刀劈成不同作品的各个部件。这一过程,"劈"是关键,幼儿的兴趣点也在这里。大手抱小手,四手联抱,一起举起刀,大喊一声:"预备,开始,嘿!"木头就被劈成了两半。有的幼儿自己单独举刀劈,连续几下猛劈,也能把木料劈开,这让幼儿很有成就感。

图 3-57

玩法三　钉

这是作品组装成型的一道关键工序,要求家长和幼儿把劈好的各部件材料有目的地组装起来。绝大多数家长与幼儿会选择用钉子来固定、组装。可喜的是,每个幼儿拿起锤子都会敲(准确性不强)。幼儿本来就喜欢敲敲打打,在这里,幼儿玩得尽兴而过瘾。

玩法四　画

这是最后一道工序。原材料组装成功后,为了弥补木料硬性不足、色彩单一等缺陷,突显作品个性,很多幼儿用上了画、贴、粘的方法。在这一过程中,幼儿动手的机会更多,他们用稚嫩的双手,在粗糙的木头上画上、贴上、粘上自己喜欢的图案和图片,让作品显得更加美观。

玩法五　修补儿童桌椅

将幼儿园需要修补的木质桌椅收集到木工坊,让幼儿帮助其他小朋友和老师们进行桌椅维修。首先老师讲解各种工具的名称及使用方法,让孩子们认识并学会使用各种工具;然后老师讲解维修需用到的工具、零部件及桌椅需修补的原因,并示范修补方法;最后请孩子们一起合作维修。

注意事项:1.每个幼儿佩戴一副手套、一副眼镜,配备药箱(备有常用的外敷药)和一本安全记录登记表。2.为保证活动安全,建议4岁以上的孩子参与木工活动,控制参与幼儿数量,保证每个孩子都有操作工具。3.游戏之前,老师要提前检查场地安全,检查工具有无破损、毁坏。4.清楚每样工具的使用方法及注意事项,避免操作不当给幼儿带来伤害,使用后要让幼儿养成工具归位的好习惯。5.注意教育幼儿保护木工坊周边的花草树木。

游戏十一　生态农家乐

游戏目标：1.在人文生态课程的开展中，通过游戏体验农家生活，掌握清洗蔬菜、包水饺、烧烤等几种简单的生活技能，积极地参与农家乐的各项游戏活动。2.在游戏中提高生活能力，愿意做力所能及的家务事。3.在亲身操作中，感受父母劳作的辛苦，从而形成热爱生活、体谅父母的美好情感。

游戏准备：在生态种植区旁边，搭建具有浓郁乡土特色的农家小院，包含用水泥砖和防腐木制作的炕、由正规厂家生产的合格材料制作的木桌、木椅、15厘米左右的石磨，并为幼儿提供玉米、簸箕、剪刀、铁锅、烧火炉、烧烤炉、木块、木炭、面板、菜板、花型馒头模具、刀、盘子、碗、筷子、竹签、黄豆等家庭使用的各种生活用品以及种植区里的各种时令蔬菜等。

游戏建议：利用幼儿园的种植园、农家小院等开展农家乐游戏，在其中进行吃、喝、玩、乐等一系列游戏活动。幼儿在游戏中，可以自主选择、采摘、操作、摆弄材料，自由和同伴商量合作。孩子们可以尝试体验农家乐的乐趣，品味、享受自己劳动所收获的果实与快乐。（图3-58—图3-61）

图 3-58

图 3-59

图 3-60

图 3-61

玩法一　包水饺

1.首先准备食材——面粉、猪肉和白菜。2.把面粉和成团。3.将白菜切碎,猪肉剁成肉馅,加入少许油和食用盐,调好。4.把面揉成长条,切面剂子。5.擀皮。6.把调好的馅放在面皮上,包起来。7.生火,把锅里的水烧开。8.水开后,将饺子下锅煮熟,美味的饺子做好了。(图3-62)

图 3-62

玩法二　花样馒头

1.准备面粉,将面粉和成团,揉好。2.将面团分成模具大小的小面团。3.将小面团放进模具里,轻轻地往面板上一扣,花样馒头就做好了。也可以用小刀、剪刀做各种各样的小动物馒头。4.将做好的馒头放入蒸锅里。5.美味的馒头出锅了。(图3-63)

图 3-63

玩法三　烧烤

1.准备食材,如腌好的肉、馒头片、火腿肠、竹签等,点燃烧烤炉内的木炭。2.将肉、馒头片、火腿肠等穿到竹签上。3.将串放在烧烤架上,刷少量油,撒孜然粉、辣椒粉。4.服务员上烤串。(图3-64)

图 3-64

玩法四　蔬菜水果拼盘

1.准备各种水果、蔬菜。2.根据自己想要做的拼盘,选择材料。3.将选择的水果、蔬菜根据想要的形状进行刀切、拼搭。4.美丽的果盘做好了。(图3-65)

图 3-65

玩法五　推磨

此游戏需 2~3 名幼儿合作完成，一名幼儿定时添加适量豆子；另一名幼儿转动石磨，注意用力均匀；其余幼儿看好糊糊，及时将糊糊收进盆子里。教师辅助幼儿加工制作，熬制极具诸城民间风味的小豆腐。（图 3-66）

图 3-66

玩法六　剪纸

在农家小炕上进行，数名幼儿围坐在小木桌前，自主选择纸张和题材，运用小剪刀剪出不同类型的作品，并粘贴在四周墙壁上。

玩法七　剥玉米

幼儿围坐在小院门口的石凳上，将晒干的玉米握在手中，沿粗的一端将玉米粒剥到簸箕中。（图 3-67）

注意事项：1.农家小院中树木多，夏季来临时，蚊虫较多，幼儿不在此区域活动时要进行杀虫。2.游戏前明确游戏规则。3.注意火和刀具的使用安全。

图 3-67

游戏十二　户外生态搭建

游戏目标：1.运用学过的围合、连接、对称排列等技能搭建景物。2.能运用已有的建构经验来参与布局，完成大型建构主题。3.培养幼儿爱护建构成果和建构材料的意识，初步养成良好的游戏习惯。4.在生态绿色长廊下活动，让孩子们懂得爱护花草树木。

游戏准备：立体炭烧积木、圆柱形纸筒、奶粉桶、易拉罐、纸盒等材料，

图 3-68

生态化游戏场地。

游戏建议：孩子们对见过的、体验过的、喜欢的以及我们身边的事物印象特别深刻，而且也愿意用搭积木的方式把它们表现出来。但幼儿的搭建能力存在一定的差异，能力强的幼儿能够很好地把握建筑的稳定性和造型特点，而能力弱的幼儿还需要老师适时介入指导。（图 3-68）

玩法一 积木垒高乐

幼儿自由将积木等垒高，要求在绿草地上选择平整的场地，把底座打稳实，不容易倒塌。最后比比，哪一组垒得最高，哪一组就是获胜者。之后让孩子们一起探讨各组垒高的诀窍和操作方法，游戏对自己的启迪，结合建构技能谈谈自己在这个基础上打算进一步搭建什么。

玩法二 物品搭建

让幼儿在以往生活经验的基础上，先了解物品的形状和需要的搭建材料的形状，再进行创意拼搭，如大桥、宝塔、高楼、汽车、火车等。搭建完之后，让孩子进行情景表演，如在搭建的家里接待客人、扮演乘务员为顾客服务等。在这些活动中开发幼儿的语言表达能力和思维想象力。

玩法三 景物混合搭建

幼儿合作进行搭建，先讨论搭建主题；然后根据已有生活经验进行分工，如整体设计、室内设计、美化绿化等，让孩子们有目的地搭建。在这个过程中，老师作为旁观者要适时介入，提出要求。可以让孩子运用废旧的易拉罐等材料，建构出与园内自然环境相融合的景物混合作品。

注意事项：1. 注意培养幼儿自觉收拾积木的良好习惯。2. 对于因屡次搭建失败而失去信心的幼儿，老师要鼓励他们勇于面对困难，树立"持之以恒，就能获得胜利"的信心。3. 注意教育幼儿保护搭建区周边的花草树木。

游戏十三 生态跳绳、呼啦圈游戏

游戏目标：1. 掌握跳绳、转呼啦圈的各种技巧，能积极参与活动。2. 在这两类运动中锻炼肢体灵活性，培养节奏平衡和方位知觉。3. 在自然生态环境中游戏，萌发爱护自然、与自然和谐相处的美好意愿。

游戏准备：生态活动场地，跳绳、呼啦圈若干。

游戏建议：跳绳是一项简单方便、容易参与的运动，运动方式多样化，是传统

游戏中幼儿喜爱的运动项目之一。让幼儿在生态操场上进行跳绳运动，自由探索跳绳的方法，感受跳绳的乐趣。（图3-69）

图3-69

一、小绳的多种玩法

玩法一　基本跳绳

幼儿双脚站定，双手持绳，踮起脚尖，利用手腕力量甩动绳子跳跃。可单人跳、双人跳、单脚跳、双脚跳或交叉跳。

玩法二　技巧跳绳

幼儿双脚站定，双手持绳，双脚夹起跳跳球，踮起脚尖，利用手腕力量甩绳，进行跳跃。

二、大绳的多种玩法

玩法一　大小绳跳

两名教师分别站在两边摇绳，幼儿依据大绳的摇摆节奏，手持小绳进入，并随节奏进行跳跃。

玩法二　拍球跳

两名教师分别站在两边摇绳，幼儿依据大绳的摇摆节奏，抱球进入，并随节奏进行拍球跳跃。

玩法三　套圈跳

两名教师分别站在两边摇绳，幼儿依据大绳的摇摆节奏，手持呼啦圈进入，跟随大绳的摇绳节奏跳跃。

玩法四　十字跳

由四名教师分别呈十字花状站好摇绳，一名幼儿依据大绳的摇绳节奏进入跳跃。

图3-70

三、呼啦圈的多种玩法

呼啦圈运动趣味性强,形式生动活泼,是生态传统游戏中幼儿喜爱的一项运动项目。(图 3-70)

玩法一　转单圈

请幼儿每人选取一个呼啦圈,双脚站立,与肩同宽,用胳膊、腰、腿等部位转呼啦圈。

玩法二　转双圈

请幼儿每人选取两个呼啦圈,双脚站立,与肩同宽,用腰、腿等部位转呼啦圈。

玩法三　转多圈

请幼儿自行选择多个呼啦圈,双脚站立,与肩同宽,用腰转呼啦圈。

玩法四　转圈走路

请幼儿依据自身情况选取一个或多个呼啦圈,双脚站立,与肩同宽,用腰转呼啦圈;与此同时,可依次沿直线、"S"形、圆形等线路行进。

玩法五　单膝跪地转圈

请幼儿每人选取一个呼啦圈,双脚站立,与肩同宽,用腰转呼啦圈;在此基础上,可让幼儿单膝跪地转呼啦圈,要始终保持呼啦圈匀速转动。

注意事项：1.场地可设置在地面硬实的生态小广场或园内林中小道上。2.幼儿在跳绳过程中要注意与同伴保持距离,防止安全事故的发生。3.在转呼啦圈过程中注意用力均匀,避免扭伤。4.鼓励幼儿自行创编跳绳和呼啦圈的动作和玩法。

游戏十四　生态棋社

游戏目标：1.掌握跳棋、五棍等几种常见棋类游戏的规则,下棋时能按规则行事。2.通过棋类活动,提升幼儿的观察能力、推理能力和解决问题的能力。3.在自然生态环境中游戏,既能感受大自然的美好,又会萌发爱护自然、与自然和谐相处的美好意愿。

游戏准备：生态园林棋社场地、棋板、黑白棋子、操作板、废旧瓶盖。

图 3-71

游戏建议： 可以一物多玩，这样不仅能节约成本，还能不断更新游戏内容。而且孩子们玩起自己做的棋来，也特别有兴趣。（图3-71）

玩法一 五子棋

二人各执一色棋子，每人都要尽快把自己的棋子摆成五子相连的一排（横、竖、斜排均可），同时阻断对方的五子连接，最后五子相连排数多者获胜。

玩法二 跳棋

棋子的移动可以一步步在有直线连接的相邻六个方向进行。如果相邻位置上有任何方的一个棋子，而该位置直线方向下一个位置是空的，则可以直接"跳"到该空位上。"跳"的过程中，只要上述条件满足就可以连续进行。谁最先把正对面的阵地全部占领，谁就取得胜利。

玩法三 猴子爬山

二人各执一个猴子卡片，石头、剪刀、布决定输赢，谁赢即可走一步，谁先爬到山顶，谁就取得胜利。

玩法四 五棍棋

对弈过程分三个阶段：1.放子：对弈双方依次将己子放入空棋点，将手上的棋子放完才开始走子。2.逼子：若放子过程中，无棋子被吃掉，使得棋子放满棋盘，则后手方选一枚敌方棋子，将其移出游戏区域，先手方再开始走子。3.走子：由后手方移动己棋，沿线走一格至空白的邻点。

吃子：无论是下子还是走子阶段，只要己方棋子排成以下五种排列之一就称为"成项"。成项时就吃掉对方一定数量的棋子，但不可吃掉已成项的敌棋。需要注意的是，不可反复成同一个项，如形成一个三斜，其中一子移动一步，再移动回来，不能成为一个新三斜。

成项：1.通天：五枚棋子以斜方向连接两角，吃掉敌方五子（五种成项吃子的数量各地有区别）。2.五虎（或称"五福"）：五枚棋子以纵、横方向连成直线，吃掉敌方四子。3.四斜：四枚棋子以斜方向连接两邻边，吃掉敌方三子。4.三斜：三枚棋子以斜方向连接两邻边，吃掉敌方二子。5.成方（或称"井口"）：四枚棋子组成一个紧邻相连的小正方形，吃掉敌方一子。

若其中一方只剩下两枚以下棋子，则另一方获胜。

注意事项： 1.玩棋的人不宜过多，一般2~3人为宜，这样更有利于友好、谦让、多思考、安静下棋，旁观的小朋友不能说话，不动棋子。2.为让更多的幼儿参与游戏，可以让没有玩棋的小朋友当小裁判，然后角色互换，继续游戏。3.收放棋类时，要分类收好，放回原处。

游戏十五 生态非洲鼓

游戏目标：1.初步掌握非洲鼓的打击技巧，能随音乐进行表演。2.在反复击鼓练习中，增强音乐节奏感，提升动作协调能力。3.在户外自然环境中，体验神秘、独特的非洲文化，感受世界上最原始的音乐。

游戏准备：生态园林活动场地、非洲鼓、节奏感较强的音乐、户外音响等。

游戏建议：非洲鼓起源于西非部落。在非洲的原始森林中，非洲居民利用非洲鼓打出欢快的节奏，来庆祝丰收、喜宴等各种活动。户外生态活力游戏与非洲鼓巧妙地结合，让孩子们在成排的绿荫下、美丽的草坪上感受大自然带来的快乐，体验非洲鼓带来的无穷乐趣。（图3-72）

图3-72

玩法一 鼓圈

所有小朋友围成一个圆圈，老师在中间带领。老师示范两种节奏型，请小朋友一起学习拍打；然后分为两组，每组拍打其中一种节奏型。

两组小朋友拍打不同的节奏，老师进行指挥：分组拍打，一起合奏拍打。

熟练后，老师随意拍打一种节奏，小朋友跟着拍打；然后可以邀请每个小朋友自由发挥打一种节奏，其他小朋友模仿拍打。

玩法二 节奏型练习

请小朋友坐成一排，一同欣赏一段节奏感较强的音乐。音乐结束后，老师介绍音乐的节奏类型，并进行节奏分解示范，每示范一段，就让孩子们一起进行拍打练习。示范结束后，老师跟随音乐进行拍打合奏，请孩子们观察学习。音乐结束后，老师邀请节奏感较强的孩子进行拍打练习，其他小朋友进行观察学习，最后请所有小朋友一起跟随音乐拍打练习，老师进行适当指导。

注意事项：1.不用坚硬的物品打鼓，以防损坏鼓面。2.在节奏拍打练习中，老师需将动作分解，并一对一进行指导。3.游戏场地可以设置在树荫下或者青青的草坪上，孩子们可以随意地席地而坐，尽情感受音乐和大自然相交融的魅力。4.可以加入沙锤（模仿风吹树叶的声音）、腕铃（模仿驼铃的声音）等奥尔夫乐器。

游戏十六　生态高空滑索

游戏目标：1.在生态园林里，通过高空滑索游戏让幼儿掌握基本的高空滑索方法，能独立滑行。2.在游戏中锻炼幼儿的上肢力量、自控力，满足幼儿的探险和挑战欲望，培养其与自然和谐相处的能力。

游戏准备：在游戏园林区内选取两棵足够粗（直径为20厘米以上）、相距15米以上的树，利用其中一棵树制作高空滑索平台（高度约2米左右），平台上的护栏间隔不大于12厘米；并用防腐木制作通往平台的阶梯，用钢丝绳将其固定在观光平台所在的树上，另一端再连接到15米以外的另外那棵树上。固定点要有适度的落差，要在滑索上安装带抓手的滑轮（配有保险带）。

游戏建议：幼儿列队依次沿阶梯进入平台，并系好保险带，双手抓牢滑轮两端，在平台下方的老师抓住幼儿的脚腕，轻轻松手，幼儿顺势滑到终点。（图3-73）

图3-73

注意事项：1.教师要叮嘱幼儿双手抓牢，重心放稳，到达终点后双脚抵住树干，轻轻跳下，以防擦伤；在滑索的起点和终点都要安排教师监护幼儿安全。2.高空滑索极具挑战性，游戏过程中，教师应及时鼓励幼儿大胆挑战，磨炼意志，增强信心。3.游戏过程中，要及时提醒幼儿不要损坏树木，培养幼儿与自然和谐相处的乐趣。

游戏十七　生态轮胎游戏

游戏目标：1.在生态园林里探索各种轮胎游戏的玩法，锻炼幼儿的身体协调性和平衡能力，让他们在玩耍、收放轮胎时体验合作的快乐。2.在自然生态环境中游戏，促使幼儿萌发爱护自然、与自然和谐相处的美好意愿。

游戏准备：将日常生活中收集的废旧轮胎用自来水洗刷干净、消毒、晾干，然后涂上各种彩色环保漆，投放在户外生态活动区供幼儿使用。

游戏建议：轮胎玩法多样，操作简单，趣味性强，活动中可让幼儿自由探索轮胎的不同玩法，锻炼幼儿的跳跃、平衡能力，并尝试与同伴相互合作，培养他们之间的感情。

玩法一　滚轮胎

幼儿练习滚轮胎，比比谁滚得快。可以变换不同玩法，如单手滚、双手滚，也可采取竞赛的形式玩，提高幼儿参与游戏的兴趣。

玩法二　跳轮胎

将轮胎摆放成不同的造型，如单排、双排、圆形等，让幼儿练习一个跟着一个走或一个跟着一个跳，也可练习单脚跳、双脚跳等。（图 3-74）

图 3-74

玩法三　轮胎搭建

让幼儿自由搭建或合作搭建，引导幼儿进行想象创造，用轮胎搭建各种建筑物。

玩法四　走轮胎

将三四个轮胎组装成一组，利用轮胎的惯性让幼儿在上面行走，可一名幼儿，也可两名幼儿合作。（图 3-74）

玩法五　升降轮胎

利用成材树干上的侧枝，自制升降轮胎。用绳子拴住轮胎的两侧吊起，利用滑轮进行拉伸，并配有保险带。幼儿可以双手握住绳子，坐在轮胎上，自己拉起自己，也可以同伴间相互配合拉起彼此。（图 3-75）

玩法六　钻爬轮胎

可将幼儿分成两组，一组幼儿将轮胎竖起，并扶正轮胎排列成一排；另一组幼儿玩钻爬山洞游戏。两组幼儿可进行互换。

图 3-75

注意事项：1.活动过程中，教师要注意监护幼儿，防止砸伤、摔伤幼儿。2.幼儿玩耍过程中不要让轮胎滚入周边花丛中，保护自然环境。

游戏十八　生态团体韵律活动操

游戏目标： 1.创设自然、生态的游戏场地，让幼儿在放松的环境场地中练出良好的身体姿态，养成积极参加体育锻炼的良好习惯。2.实施开放、自主的游戏活动，增强幼儿动作的节奏感、协调性、控制力。增强幼儿体质，提高身体对自然环境的适应能力。3.激发幼儿昂扬向上、团结合作、阳光快乐的精神面貌。

游戏准备： 户外生态活动场地、小班澡巾、中班旗子、大班筷子。

游戏建议： 春、夏、秋季宜进行有趣的早操活动，冬季为课间操。早操活动的创编与指导应该突出"趣"和"活"。在艺术早操的结构方面，明确操节运动（徒手操和器械操）、集体舞表演、队形队列、放松活动等四大环节。（图3-76）

图3-76

1.选用欢快、优美的音乐

早操音乐宜选择节奏明快、拍子清晰、段落层次分明的音乐，在音乐的带动下孩子们愉快地做早操，使早操更富有了活力。同时在各环节的衔接中运用不同的音乐给予孩子提示，起到有效地承上启下的作用，提高早操的效率。

2.加入有趣的器械

幼儿手持轻器械进行早操活动，具有色彩、声响及动作多变等特点，容易激发幼儿兴趣。幼儿使用器械锻炼头、手、躯干及四肢，使身体各部位得到锻炼，增强了它们的灵活性和柔韧性。

注意事项： 1.教师要运用口令调动幼儿运动的积极性。2.编操时要注意锻炼的全面性，要包含上肢、下肢、体转、弯腰、跳跃等动作安排。

游戏十九　户外自然生态阅读活动

游戏目标： 以幼儿园的课程现状为起点，发动教师群体力量进行反思、总结、调整，形成具有园本特色的课程——"慧悦读"课程。将"慧悦读"课程定位于：让孩子智慧、快乐地阅读，让阅读使孩子更智慧、更快乐。同时要将《3-6岁儿童学习与发展指南》中的幼儿培养目标和选择性课程的培养目标进行融合，培养"爱阅读、善交往、亲自然、喜探究、乐合作、有自信"的智慧儿童。

1.幼儿：润泽心灵，启迪智慧，陶冶精神，培养优良品德，培养良好的阅读习惯，提高阅读能力，享受读书的快乐，享受生活的快乐。2.教师：阅读成为教师的自觉需求，树立高尚师德，提高教师素养，丰富教育生活，保持教师终身学习的原动力，享受学习的快乐，享受生活的快乐。3.幼儿园：满园书迷，师生共同在书香校园里诗意地栖居。丰富人文底蕴，推进新课程改革，培养特色型教师，创建人文生态化活力幼儿园。

游戏准备：户外草地、蔷薇花下、木屋、凉亭、生态园。

游戏建议：生态阅读强调的是阅读环境的原生态，即维持阅读意义的原汁原味，保证阅读主体的自由自主，力求阅读客体的异彩纷呈，提倡阅读方式的丰富多彩。给孩子一个无拘无束的阅读环境，让孩子以无忧无虑的阅读心情、无欲无求的阅读心态，进入无我无他的阅读境界，此之谓"生态阅读"。（图3-77—图3-78）

图 3-77

图 3-78

自然生态阅读有以下特点：

1.环境创设凸显阅读课程生态自然特色

为了创设更有广度的阅读环境，应该对公共走廊等园所环境进行统筹规划。以"阅读社会"为主，结合中国传统文化等凸显社会文化活动；以"阅读自然"为主，结合自然风景画等凸显探索与发现；以"绘本阅读"为主，帮助幼儿认识自我、发现自我。楼梯墙面上手绘"绘本长廊"，门厅创设亲子阅读区，除了创造温馨的环境（如放置卡通的沙发等），让家长们专心陪伴幼儿阅读外，还通过版面布置等方式指导家长有效地开展亲子阅读。幼儿园的木屋、遮阳伞、蒙古包、长廊也是幼儿生态阅读的好去处；幼儿园的自然生态园、蔷薇花墙、紫藤长廊、玉兰、连翘等一草一木皆是幼儿阅读大自然这本"无字之书"的最生动的绘本。在班级图书角为幼儿提供看书区、听书区以及语言表演区；还根据本班幼儿的阅读需求，在探索区、自然区、美工区、建构区等个别化学习活动区域中投放阅读材料，提高幼儿阅读素养。

2. 阅读特色活动创新彰显活力

充分挖掘幼儿园、社区周边资源，开发富有特色的阅读活动内容：阅读节——21天爱阅读习惯养成、"书香爸爸、故事妈妈"走进幼儿园、"图书漂流"、"阅读沙龙"、"书香家庭"评选。

活动内容以富有童趣、幼儿喜欢的方式来命名，如"悠悠漂流驿站"，孩子们每周进行一次图书漂流活动，和家长进行亲子共读；又如"阅读小明星"，每学期根据幼儿的阅读量评选阅读小明星；再如"开心阅读时间"，将孩子进餐前和离园前10分钟作为阅读时间，请幼儿自由讲述故事，给不同的孩子提供不同的舞台。

3. 阅读形式多元融合显延续

将课程目标与儿童的发展需求衔接，实现生态阅读组织形式多元化，课程的实施过程体现融合性、延续性。如"绘本式阅读"，在阅读童书中涵养童年；"环境式阅读"，在"阅读社会"中发展儿童的亲社会性品质；"亲情式阅读"，在阅读家园中濡化伦理性精神；"生态式阅读"，在阅读自然中形成亲近自然的情感。让孩子天天、周周、月月都有相对应的阅读活动来达成课程目标，又体现活动的不同结构对孩子发展的支持。

根据儿童学习特点，合理选择集体、小组、个人的学习方法。有集体教学活动，有小组探索学习活动（专用阅读活动室、书香长廊），有孩子自主阅读探索体验活动。同时教师突破传统阅读课堂的固有模式，从一次活动读一本书，转变为读一本绘本进行一系列活动。比如，《我家门外的自然课》《亲亲自然》《大自然笔记：与神奇自然的四季约会》等，它们组成一个螺旋式上升空间，有机地融合在一起，让幼儿的学习由平面走向立体。

注意事项：1. 构建自然生态阅读与营造书香校园相结合，与积淀校园文化相统一。2. 把自然生态阅读与教师素养的提高和教育教学质量的提高统一起来。3. 开展活动，以活动促阅读，师生共读，打造"书香校园"。

游戏二十 森林剧场营地

游戏目标：1. 掌握基本的角色表演技能，能大胆地在公共场所进行表演。2. 在演出中锻炼表达与表演能力。3. 在与森林的近距离接触中，感受森林的美，进而萌发热爱森林、保护森林的意愿。

游戏准备： 足够大的自然森林中的适宜空地，森林中无生命特征的自然材料和废旧降落伞。

游戏建议： 森林营地游戏属于森林幼儿园的园外拓展游戏，以森林、山川等自然环境为背景，打造一个没有天花板和围墙的儿童生态世界，给儿童提供一个全自然、原生态的社会空间、场所、环境，真正将发现、探索、创造的自由和能力还给儿童。孩子们在天然的环境中认识自然，观察大自然的变化，在自然中激发对事物的好奇心，感悟智慧，收获成长。

图 3-79

森林中适度的林荫空地是孩子们快乐游戏的舞台。天然的石块、枯朽的树干是凳子，废旧的降落伞是顶棚，大自然的无生命素材，提供了表演服装等舞台表演所需要的物质。让幼儿自由选择主持人、演员、观众等角色，自主进行表演，这一活动充分发挥了幼儿的积极性、主动性、创造性，符合幼儿艺术、语言等的发展规律以及心理、生理的需要。比如幼儿可以因地制宜，将大自然中的一切材料作为素材，扮演植物的各个部分，在表演中认识大自然，同时自我提升。（图 3-79）

注意事项： 1.每个学期的每次活动，幼儿园都要事先进行危险评估，利用色彩鲜艳的警示带标识幼儿活动安全区域，适时告知幼儿在安全区域内活动。2.除了对天气环境进行评估以确定幼儿的服装及鞋靴装备之外，必备的物品包含有指南针、急救箱以及足量且必需的食物和水。

游戏二十一　森林探险游戏营地

游戏目标： 1.进一步认识森林，能在森林的适宜场地开展游戏。2.勇于探索、挑战森林营地探险项目，提高韧性，锻炼胆量。3.在与森林的近距离接触中，感受森林的美，进而萌发热爱森林、保护森林的意愿。

游戏准备： 足够大的自然森林环境，森林中无生命特征的自然材料。

游戏建议： 森林探险游戏中，孩子们要靠自己的努力来到达终点，没有固定的路线，他们需要在摸索中开辟自己的道路，在这个过程中他们就会充分发挥自己的主观能动性及创造性。课程的开展需要教师能力更为全面，能进行巧妙的游戏设计，使幼儿在游戏中学习生存技能、科学知识、人际交往及团队协作知识，激发孩子的求知欲望。同时在开展任何课程之前都必须要做好安全评估，并且要让孩子学会自己评估风险，判断什么可以做，什么不可以做，在挫折中吸取教训，克服困难，积累经验。森林幼儿园的教育模式其实对老师和家长提出了很高的要求，不仅要仔细计划，预防风险，还要做好记录。在森林幼儿园里，教育的目的有时并不是告诉孩子要做什么，而是不要做什么。比如，森林幼儿园的孩子们都很爱爬树，但是森林里面没有梯子，因此孩子们必须自己想办法，寻找安全适合的攀爬树木。老师不能限制孩子们爬哪棵树或者在安全范围内爬多高，也不能帮孩子上树，只能在孩子们有安全需要的时候帮忙下树。（图3-80）

图3-80

玩法一　森林探险

把森林环境当作教室，因为没有任何一个学习环境像森林那么宽广，那么富于变化，那么吸引人。无论是丰富的颜色、多变的形状、各种各样的生物、奇形怪状的地形，还是变换的季节，森林都是孩子提升感知能力和创造能力的源泉。自然是人类最好的老师，在自然环境中，孩子们能用自己的双眼去观察，用双手去触摸，用双脚去探索，用心灵去感受，切实地体会自然界奇妙而强大的生命力，去发现美，去创造美。

森林探险游戏包含搭建、滑索、滑道、攀岩、独木桥、双木桥等众多野外生存活动。利用大自然中的一切无生命自然材料，搭建野外生存的帐篷，利用自然的一切来抵抗自然的风霜雨雪。

玩法二　森林寻宝

森林幼儿园的幼儿在活动中有许多机会进行沟通，例如他们必须以民主的方式表决当天要往哪个方向前进，讨论发现的"宝物"。他们或许会争论，或许会寻求教师的帮助，但在这个过程中他们可以学会倾听别人的意见及表达自己的观点。森林里所有没有生命特征的东西都可以随孩子的想象变成游戏里的道具，这些游戏不仅可以增强幼儿的社会性意识，还可以培养幼儿的想象力和保护森林的意识。

自然很美，自然也很无常，夏天炎热，冬天寒冷。要坚持长期在户外活动，孩子们并没有不开心，反而玩耍得十分兴奋，他们在锻炼能力的同时也增强了团队合作精神，提高了"韧性"，增强了抗挫折能力。

注意事项：1.每个学期的每次活动，幼儿园都要事先进行危险评估，利用色彩鲜艳的警示带标识幼儿活动安全区域，适时告知幼儿在安全区域内活动。2.除了对天气环境进行评估以确定幼儿的服装及鞋靴装备之外，必备的物品包含有指南针、急救箱以及足量且必需的食物和水。

游戏二十二　森林休息营地

游戏目标：1.加深对森林中动植物的认识，拓宽知识面。2.感受大自然的美妙，进而形成热爱、保护大自然的人文生态素养。

游戏准备：足够大的自然森林天然环境，无生命特征的自然材料。

游戏建议：森林幼儿园的教育模式其实对老师和家长提出了很高的要求，不仅要仔细计划，预防风险，还要做好记录。

疯狂又痛快的游玩之后，寻找和选择适当的休息场地。孩子们以天为盖，以地为席，闭上眼睛躺在树林里倾听、感受自然界的每一种声音；用布蒙住眼睛，触摸树林里的各种生物；感受清新的空气、静谧的森林。短暂的休整之后幼儿与教师围坐在野餐垫上，打开食物的盒子，品尝大自然给予的馈赠。餐前的仪式、餐中的礼仪、餐后的整理，都是课程，每个幼儿在这个过程中通过仪式来敬畏自然。

餐后的小活动，小朋友们围坐在一起，利用手中捡拾的落叶、树枝、落果，动动小脑筋开发各种玩法。比如，利用手中的小树枝，可以练习数数，可以搭建，可以生火,可以画画,可以编织各种小玩具，等等。数不尽的林中素材可以给幼儿提供成百上千乃至上万种玩法，能极大地激发幼儿的创造力和想象力。

森林活动中学会和森林中的动植物做朋友。认识到人是自然中的一部分，从观察动植物、认识动植物、了解动植物，进而体会到动植物和人类和谐相处的美

图 3-81

好,因而主动去保护和守护自然,从而达到人与自然和谐相处的目的。

亲自动手制作捕梦网,挂在树与树交织组成的吊床上,安睡的宝宝们在捕梦网上编织着属于自己的梦的童话。这就是大自然给予人们的馈赠,这也属于大自然中孩子们的幸运。(图 3-81)

注意事项:1.每个学期的每次活动,幼儿园都要事先进行危险评估,利用色彩鲜艳的警示带标识幼儿活动安全区域,适时告知幼儿在安全区域内活动。2.除了对天气环境进行评估以确定幼儿的服装及鞋靴装备之外,必备的物品包含有指南针、急救箱以及足量且必需的食物和水。

室内

游戏一 生态食品加工坊

游戏目标:1.掌握煎、烤、榨、切、搅等几种简单的厨房操作技能,尝试用真正的食材加工食物。2.在生态化生活体验场所中,亲手制作食物,锻炼生活技能,体验劳动的乐趣。3.了解食品的来之不易,感受大自然的馈赠与我们的生活息息相关,激发幼儿勤俭节约、热爱自然的人文生态素养。

游戏准备:1.生态农场的各种产品,黄瓜、生菜、圣女果、苹果、柿子、鸡蛋、面粉等。2.工作坊设备,烤箱、煎锅、榨汁机、有机塑料刀具、面板、菜板、搅蛋器、大小不等的不锈钢盆若干。3.幼儿操作衣帽、一次性手套等。

游戏建议:在生态工作坊内,根据季节的不同,为幼儿提供不同的操作材料,让幼儿体验各种生活。根据幼儿年龄段的特点,设计适合他们的游戏活动,在老师的指导下快乐操作,充分体验生活的乐趣,满足幼儿参与劳动的愿望。(图 3-82)

图 3-82

玩法一 我能煎鸡蛋

从生态农场采集来新鲜鸡蛋,在老师的带领下体验煎鸡蛋。首先从安全操作规程方面教育孩子,在活动过程中保护好自己。手握煎锅把柄的末端,接通电源之后,小手不能抚摸煎锅的任何部位,翻转鸡蛋时,一手一个锅铲,避免烫伤。其次,实际操作时，幼儿分组进行。先将鸡蛋打入碗里备用，然后烧锅；锅热之后倒入少量食用油；油热后，倒入鸡蛋，一定要等到鸡蛋成一体时，才能翻转煎另一面。最后，品尝自己的劳动成果。

玩法二　水果拼盘

生态园中各种蔬菜瓜果成熟的季节，孩子们亲自采摘后，到工作坊做成各种各样的拼盘形式，既锻炼孩子的动手能力，又提高他们的审美能力。绿绿的黄瓜切成薄片、长条，做成树叶、花叶、树干、花茎；红红的圣女果切开，做成小花；红红的柿子横切面做成自行车车轮；胡萝卜横切面做成大眼睛；蔬菜丝拼接成娃娃脸……孩子们智慧的大脑里的奇思妙想，在工作台上尽情展现！拼盘用过的果蔬下脚料，孩子们把它倒入果汁机，打成新鲜果汁。

玩法三　快乐烘焙

蛋糕、点心是孩子们的最爱。为幼儿准备好牛奶、食用油、面粉，请他们动手体验做蛋糕、点心的整个过程。每两周一次的活动，孩子们翘首以待，开心参与每一个环节，成功后，无比幸福地品尝自己的劳动成果。

注意事项：1.生态食品工作坊内的各种活动，最重要的是对孩子进行安全教育，教师必须讲细，让每个孩子学会保护自己。2.全程需要老师的陪同、指导，每次进入工作坊中的孩子不宜过多，必须在老师的可控范围内。3.工作坊中的所有设施必须是环保的、安全的。

游戏二　生态创意坊

游戏目标：1.在生态环境中用视觉化表达心象，表现自己的想法和理解，表现创意。2.能用废旧生活用品、自然材料等物品进行创造，体验自己创造的乐趣。3.巩固提升绘画、剪贴、编织等技能。4.在自然的游戏环境中，发展想象力，提高观察力，萌发对大自然的热爱与保护之情。

游戏准备：生活中的废旧材料，如纸筒、塑料瓶等；生态户外区角、自然材料，如树叶、石头等；颜料、画笔、布料、绳子等辅助材料。

游戏建议：孩子置身于自然生态环境中，有效地与环境互动。孩子们在游戏过程中，可以根据自己的兴趣爱好选择不同的角色和任务，怎么玩、玩什么、和谁玩，都由他们自己做主。游戏成为孩子自发、自由、自主的活动，他们是游戏中的主角，这样的游戏会让他们感到由衷的喜悦。（图3-83）

玩法一　创意手工

为幼儿提供一定的自然生态创意空间。让幼儿自主选择，用适合自己的表现方式去模仿或创作。根据孩子的年龄特点，为能力不同的孩子提供不同的生活废旧材料，让幼儿根据自己的需求进行选择，可以用绘画、剪贴、编织等多种手工制作方式表现自己的所见所想。

图 3-83

玩法二　变废为宝

在大自然中寻找和投放低成本、易收集、活动功能灵活多样的自然材料，如树叶、小石头、贝壳等，孩子可以根据喜好选择这些自然材料来作画、装饰或创作。利用从大自然中收集的材料引导孩子认识、体会人类生活与自然环境的密切关系，从而形成珍爱生命、保护生物、保护环境的优良文明素养，进一步激发幼儿发现、欣赏大自然的美，发展幼儿乐于表现、创造美的能力。

注意事项： 1.在游戏材料的投放上应具有目的性、层次性、可变性。2.教师在生态创意坊中的角色是不可或缺的，从支持者、参与者的角度出发，以多种形式参与到幼儿的游戏活动中。

游戏三　原生态材料区域游戏

游戏目标： 1.能用多种大自然原材料进行加工、创作、游戏。2.提升动手操作能力，培养创新思维和审美能力。3.了解大自然物种的多样性，培养爱护大自然的美好情感。

游戏准备： 瓶类、罐类、盒类、线类、石头、贝壳、玉米皮、麦秸、杏核、种子等大自然原材料，剪刀、针、线、易拉罐等。

玩法一　好玩的石头画

尝试在石头上作画，并运用颜料对石头进行装饰，体验在石头上作画的乐趣，鼓励幼儿大胆创作，感受石头画的艺术美。（图3-84）

图 3-84

玩法二　多彩的葫芦

尝试在葫芦上作画，并运用颜料对葫芦进行装饰，体验在葫芦上作画的乐趣，鼓励幼儿大胆创作，感受五彩葫芦的美。（图3-84）

玩法三　贝壳变变变

1. 贝壳印画：学习用贝壳拓印，并在贝壳拓印画上添画、组合，变出各种形象。

2. 贝壳粘贴画：尝试用贝壳在纸上、桌子上或盘子里拼摆各种造型。

玩法四　玉米皮编织

尝试用玉米皮进行编制，并掌握"三股编织""压一挑一"的方法。（图3-85）

图3-85

玩法五　麦秸变废为宝

利用农村废旧的麦秸，可以编织戒指、手镯、三角笼、小筐、扇子、五星、花篮、蝈蝈笼、蝴蝶、项链、响笼等。（图3-86）

1. 编织戒指：将麦秸用小剪刀划开，剪成3~5毫米宽、10厘米长的长条，把长条两端2厘米处向相反方向斜着折，折成后将长条弯曲成圆形，将斜折的两端对折、斜插，外形变成"◇"状，漂亮的戒指做成了。

2. 编织手镯：编织手镯的方法同编织戒指一样，只要长条的宽度再放宽1~2毫米，长度比戒指长出4厘米。

3. 编织三角：用长麦秸一根，把底端围成"△"形，然后绕"△"形的三个角缠绕，编成一个漂亮的三角。

图3-86

4. 编小筐：把两根麦秸交叉成"十"字，用麦秸将底座固定后绕"十"字的四处边柱缠绕。越缠空间越大，最后编好小筐边和小筐提手，用线固定提手，小筐完成。

5. 做扇子：用针线将若干麦秸穿连在一起，把一端绑制成扇子把手，另一端剪成圆扇状，边缘用布条或麦秸小辫子固定缝牢，美观实用的小扇子做成了。

6. 编五星：用麦秸固定五个点、五条边，然后编织五星。

7. 做花篮、做蝈蝈笼、做蝴蝶、做项链：将编织成的三角用针线缝制成花篮、蝴蝶、项链等物。

8. 编响笼：①取上面编织的三角10个，用针线每5个1组缝合、连接。②将5个1组缝好的三角两组相扣、连接，用针线缝合。③连接三角的过程中在中间放入2~4个瓶盖。④最后做成五角响笼，并在笼子的五角缝上彩色毛线做装饰。

传响笼：幼儿围成一圈，中间一人持响笼，传给一个幼儿，然后让周围幼儿依次传响笼，锻炼幼儿的抛接能力。幼儿围坐一圈，任意一幼儿手持响笼。当听到老师手中的响笼响起时幼儿便依次传递响笼；老师手中的响笼停止时，响笼在谁的手中，谁便站起来唱儿歌或讲故事。随后游戏重新开始。幼儿单手或双手持响笼表演打击乐。

图 3-87

玩法六　杏核玩出新花样

1. 传统玩法：利用杏核，可以玩很多游戏，例如小小杏核对对碰、五彩缤纷画杏核、花样摆杏核、按规律分杏核、杏核排序、杏核掷骰子、筷子手巧夹杏核等。（图 3-87）

2. 经典玩法：最经典的要数民间的"抓五子"游戏，其中包含拾大把、拾小仨、拾小俩、拾小一等玩法。拾小一，即一共五个杏核，先放下四个，往上抛一个，然后接住抛出的那一个；再抛出一个，接着拾一个，再一个一个拾起来，其他以此类推。

玩法七　小种子的例会

1. 种子分类：幼儿在认识部分种子的基础上，将混在一起的种子按品种或颜色进行分类。

2. 种子粘贴：在画好图形轮廓的基础上，让幼儿根据颜色将各种种子自由搭配进行粘贴。通过种子粘贴活动，提高幼儿的动手能力和想象力。

3. 喂娃娃：用饮料瓶做成娃娃，刻出嘴巴，然后进行装饰。每人一碗不同的种子，让幼儿用小勺子将种子（食物）送入娃娃嘴中，培养幼儿不挑食、不掉饭粒的好习惯，同时锻炼幼儿手部的灵活性及协调能力。

4.制作沙拉罐：将少量种子分别装入不同娃哈哈瓶内，将瓶口封住，用线绳扎紧。幼儿双手持沙拉罐互相碰撞，打节奏；还可以让幼儿试听不同种子发出的不同声音。

注意事项：1.投放原材料之后，一定要跟幼儿说明玩法及规则，不要让材料成为摆设。2.在使用麦秸之前，先将捆好的麦秸弄湿，上锅蒸10分钟消毒，然后晾至半干，装在小筒里或放在小筐里，投放在适宜的区角，供幼儿操作使用。3.及时发现和总结幼儿游戏过程中的经验和不足，并根据幼儿游戏情况进行新材料的投放。4.注意强调安全，不要让幼儿将种子等原材料放入嘴巴、鼻孔等。

游戏四　漂亮的树叶画

游戏目标：1.掌握树叶贴画的方法，能选择不同形状和颜色的树叶，贴出自己喜爱的动物。2.在用树叶拼贴动物画的过程中，培养幼儿的思维能力和创新能力，培养幼儿浓厚的学习兴趣和高雅的审美情趣。3.加深对树叶的认知，了解植物生长的奥秘，培养幼儿爱护大自然、爱护植物的美好情感。

游戏准备：各种树叶、剪刀、双面胶、胶水、卡纸、颜料、水粉笔、调色盘、排笔等。

玩法一　树叶粘贴画

1.看——树叶：寻找各种形状的树叶，要求幼儿"看树叶联想动物"，想想树叶像动物的哪些部位，如熊猫的头、公鸡的尾巴、孔雀的羽毛、老鼠的头、长颈鹿的脖子等。2.想——动物：用一组树叶，要求幼儿看看、想想能摆出什么动物，如孔雀、金鱼等。3.摆——姿态：引导幼儿想象各种动物动态的姿势拼摆。4.贴——平整：幼儿年龄小，能力有限，这一步需要教师协助。指导幼儿制作出自己喜欢的造型，并做出与其他小朋友不一样的造型，要团结协作，不要争抢。（图3-88）

图3-88

玩法二　树叶拓印

收集各种树叶，在树叶上染上颜色，然后将树叶放在纸上用手压印，瞧！变出一片带颜色的树叶了，有的树叶变黄了，有的树叶变红了……拓展幼儿的想象，然后进行添画，增加活动的趣味性。中途可再次用笔刷上颜色，然后再印。换色时，必须用抹布将叶面上的颜色擦干净，再刷其他颜色，也可以换一片树叶进行印画。

玩法三　树叶面具

准备餐盘、塑料或纸壳，在上面画出适合孩子面部大小的面具，留出眼睛位置。把面具剪下来，眼睛部位镂空，两边打孔后绑上绳子，把捡回来的枫叶用胶水粘贴到面具上，注意不要把眼睛部位挡住。

注意事项： 1.搜集的叶子要清洗干净，边角要处理光滑，不然容易划伤幼儿。2.使用剪刀时，要注意安全，不要将剪刀对着自己和他人。3.使用材料时，要保持清洁，不要弄到手上、身上和桌面上等。

第二节　生态化活力传统游戏的设计与实施

户外
游戏一　生态编织刺绣坊

游戏目标： 1.了解刺绣的基本工具，初步掌握刺绣的基本方法。2.在生态化环境中，学习合理搭配颜色，增强幼儿表现美和创造美的能力。3.在生态化环境中，让幼儿感受大自然的美和刺绣工艺的美，激发艺术情感，增强审美意识。

游戏准备： 1.生态活动区。2.简易操作台：将废旧的盒子、即时贴、花布进行组合，一个简易的操作台就完成啦。3.刺绣用的工具、自然材料及废旧材料，其中包括圆形绣架、绣花针、钩针、普通针、顶针、针锥以及各色毛线、蛋糕盒、硬纸壳、餐巾、一次性竹筷、玉米皮、凉席子、麻袋等。

游戏建议： 多准备一些材料，预防因材料不够而引起小分歧；刺绣使用的针要用儿童玩具针；孩子操作的过程，注重从简到难，体验比结果更重要；活动中引导幼儿与各区域之间联合起来，将刺绣活动分为三步：美工区设计—刺绣坊加工—工艺品店拍卖，这样既丰富了孩子的活动内容，又培养了他们的合作能力、交往能力及合作意识。

玩法一　锯齿圆缠线

让幼儿坐在优美的生态园里，在一张呈齿轮形的图形上用毛线进行有规律的反复缠绕。缠线时，首先将线的一端缠在锯齿图案上面的第一个锯齿里，左手捏住，右手缠线，将线缠在相对应的锯齿下面的第一个锯齿里，从左到右依次缠绕。或将线缠绕成倾斜状，再从右端向左端缠绕，使线呈交叉状。还有很多缠法，老师可引导孩子慢慢发掘。这些简单的手法会得到幼儿的追捧，他们会为自己的巧手能在一会儿功夫就将毛线绕成漂亮的图案而感到新奇。通过缠线游戏，让幼儿对刺绣线不再陌生，变得愿意尝试。

玩法二　编制练习

刺绣中需要幼儿掌握线条穿梭的技巧，为了让幼儿尽快熟悉这个技巧，可以让他们通过编织的游戏来进行练习。毛线的方向为一正一反，练习时一上一下，均匀有序地一根隔着一根绕，一圈一圈慢慢地绕到模具上就编好了。孩子们刚刚练习时可以先用纸条代替毛线。线条的进和出在幼儿的动手操作中慢慢熟练。最初可让幼儿练习线条的穿梭，当熟练后他们会加入颜色的选择以及前后交叉次序的改变，因而呈现的编织物品也就越发美丽。这种既安全又有成效的编织很快会得到幼儿的喜爱，同时也培养了幼儿手眼协调的能力。（图3-89）

图3-89

玩法三　刺绣练习

1. 直线、虚线等线条练习：让幼儿进行线条的练习是刺绣学习的初始阶段。虽然看起来简单，但这是打基础的练习，很重要。

2. 简单图案的练习：有了线条的基础练习，加之幼儿熟悉了线条的走法，他们就能够自主地创编一些图案（找一处环境优美的生态区角，指导幼儿操作，

图3-90

将评选出的优秀作品作为刺绣示范画），进一步提升刺绣效果。幼儿发挥想象力，利用传统穿针引线的方法和绣法进行创作，创造的作品层出不穷。（图3-90）

注意事项：1. 在组织孩子进行穿线活动之后，务必要做好安全教育和检查，以免孩子因为好奇将线缠绕在手指上发生安全事故。2. 在大人看来最简单不过的穿针、打结却是幼儿学习刺绣的第一个难关，老师要给予示范。3. 在下针和拉线时要注意绣品四个角不被缠到，在注意绣品正面的同时还要注意绣品的背面，看看绣品的背面是否与正面一样平整。4. 刺绣的时候，针跟着线走，线在上面，从上面往下戳；线在下面，针要从下往上戳；要合理搭配线的颜色，跟我们平时用蜡笔画画是一样的。换线的时候注意先打结，再剪断线。

游戏二 有趣的生态抬花轿游戏

游戏目标：1.在生态化林间小道上和生态广场上，创设游戏情境，让幼儿了解我国民间古代花轿娶亲婚俗的同时，培养幼儿与自然和谐相处的生态素养。2.让幼儿掌握合作抬花轿的方法，体验与同伴合作表演的趣味性。3.锻炼幼儿的平衡能力及耐力。

游戏准备：生态广场和连接生态广场、宽度适宜的园林道路，红纱巾、红盖头、花手绢、纸盒花轿、木质花轿、小喇叭、唢呐、喜字、礼品盒、《猪八戒娶媳妇》等喜庆音乐。

游戏建议：轿子对于现在的幼儿来说有点陌生，游戏开始前，播放一些抬轿子的视频、轿子的图片，请幼儿欣赏，调动幼儿游戏的兴趣。待幼儿熟悉后，再设计一定的情境，增加游戏趣味性的同时也让幼儿得到适当的运动，提高合作、平衡的技能，重点训练幼儿平地快走、身体保持平衡的技能。（图3-91—图3-92）

图 3-91

整个活动中,遵循由易到难的原则,让孩子们充分尝试,让每个幼儿都能获得成功,调动幼儿合作抬花轿的积极性,使他们在学中玩,玩中乐,体验游戏的

图 3-92

快乐。整个游戏中,要充分发挥幼儿作为活动主体的作用,同时也要让孩子有机会更好地与生态环境相融合。

锻炼幼儿的平衡能力：在桃园、杏园、梨园、海棠园、竹林等各种花果飘香的园林小道上，三人一组，两人抬轿，一人坐轿。抬轿的两人各自把左手握在右手腕上，然后把右手握在对方左手腕上，形成一"井"字形；坐轿者双脚各插进抬轿者双手形成的环圈中，坐在手掌形成的"井"字上走过独木桥（平衡木）。抬人的两名幼儿要像螃蟹一样横着走，玩时各组侧向疾跑，快者为胜。坐轿、抬轿者轮流担任。抬轿的两人同时把"新娘"抬起（如同抬花轿）轻轻左右摇晃、上下晃动（根据儿歌的节奏前行、晃动、抬高）。

锻炼幼儿的耐力和力量：幼儿三人一组，其中两个幼儿双手交叉成"井"字形，另一名幼儿坐在上面，与另一组形成对抗模式。要求坐在上面的幼儿互相推手，先放弃的一组失败，另一组胜利。幼儿交换角色继续游戏。

锻炼幼儿的速度：幼儿三人一组，其中两个幼儿双手交叉成"井"字形，另一名幼儿坐在上面。将幼儿分为两队，游戏开始后，坐在上面的幼儿每人拿一个沙包，开始比赛，到达终点后，站在固定的位置将沙包投到本组的球筐内，并返回与下一组幼儿击掌。在规定时间内，投中多的一组胜利。

两人当轿夫，前后各一人抬轿杆，一人当新娘，坐或站到花轿里。先将花轿放在地上，"新娘"走到轿中，两个"轿夫"合力将花轿抬起，三人步调一致地行走。"新郎"跟在花轿一边，唢呐手等跟随其后，伴随喜庆的音乐，围绕园林间弯曲的小路抬花轿。

活动前，老师制作一系列中式婚礼嫁娶物品——精美的大红花轿，一担担嫁妆，锣鼓、唢呐一应俱全，一派"十里红装"的热闹场景。事前让幼儿观看热闹、喜庆的迎亲画面，孩子们个个跃跃欲试，通过商量自主进入喜欢的队伍。孩子们个个都沉浸在自己的角色里，喜乐响起来，迎亲队伍开始出发。

游戏开始前，坐轿子的"新娘"，要在上轿前象征性地打扮一番（梳梳头、洗洗脸、穿上绣花鞋、穿上新衣裳等）。待一切准备就绪，让抬花轿的蹲下，"新娘"轻移莲步上轿坐下。花轿慢慢抬起，坐在颤颤悠悠的花轿中的"新娘"可以悠然自得地唱歌。

游戏过程中，迎亲队伍接到"新娘"后，"新郎""新娘"坐着花轿，脸上笑开了花；乐队敲锣打鼓，像模像样；"轿夫"们根据园林中弯曲的小路，可以变换抬轿子的方式，他们时而弯腰，时而站直，将平稳抬轿子的方式改成一上一下地颠，或者一前一后地乱悠，这时坐轿人会紧紧扶住轿杆，这种恶作剧叫"颠轿"。一边游戏一边播放《猪八戒娶媳妇》的音乐，将情境烘托得更充分，帮助幼儿更好地投入游戏的氛围中。孩子们的迎亲队边走边向人们撒喜糖，婚礼的喜悦感染了大家，把气氛推向了高潮。

注意事项：1.两名抬轿的幼儿身高不要悬殊太大；步伐要一致，如果一个停下来，一个继续往前走，会出现摔跤的现象；到达终点落轿时，要统一口号。2.各种角色，幼儿要自主协商，轮流扮演。3."新娘"坐轿时要两手扶好轿杆，以免颠轿时重心不稳。4.当"轿夫"碎步走、扭身时，注意身体的协调性，避免扭伤，要保持音乐的节奏与抬轿的节奏一致。

游戏三　生态高跷游戏

游戏目标：1.掌握踩高跷的方法，能灵活自如地参与游戏。2.发展肢体协调能力和平衡能力，锻炼身体的灵活性。3.在生态小广场或园内林间小道上游戏，形成与自然和谐相处的生态文明素养。

游戏准备：可选用正规厂家生产的合格木质材料（防腐木），并依据幼儿的身高比例进行加工制作。

图 3-93

游戏建议：高跷是一种民间传统表演形式，技艺性强，形式灵活多样。请幼儿每人自选一对高跷，两手扶住高跷的顶端，脚踩高跷下端行走。可组织幼儿依次按直线、"S"形、圆形等路线行走；也可适当增加难度，在中途设置障碍物，让幼儿进行跨越式行进。（图 3-93）

注意事项：在游戏过程中，特别是跨越障碍物时，教师要提前强调注意事项，监护幼儿，防止摔伤；要提醒幼儿爱护环境，严禁用高跷破坏植物，培养幼儿保护环境的生态文明素养。

游戏四　生态舞龙游戏

游戏目标：1.掌握基本的舞龙技巧，能自如地参与集体游戏。2.锻炼上肢力量，增强体质，增进同伴间相互协作的能力。3.培养幼儿喜欢自然、与自然和谐相处的生态文明素养。

游戏准备：龙灯选用竹子、布、木棍等轻便材料加工制作而成，符合幼儿的身高和年龄特点。

游戏建议：耍龙灯是我国传统的民俗文化活动，每逢喜庆节日，人们大都以舞龙舞狮来助兴，增加节日气氛，这一习俗一直流传至今。随着生态课程的开展，舞龙舞狮的表现形式多种多样，深受孩子们的喜爱。幼儿根据龙的长度依次排列，根据音乐和持绣球幼儿的指令灵活变换动作。游戏过程中幼儿可进

图 3-94

行位置交换。(图 3-94)

玩法一 "8"字形舞龙

将龙体在幼儿左右两侧交替做"8"字形的舞龙动作，可快可慢，可上可下，可原地，可跳跃，可行进，也可用人体组成多种形式，做"8"字形状舞动。

玩法二 舞龙之你追我赶

龙头与龙身根据持绣球幼儿的指令变换动作。龙头向上举，龙身就向上；龙头低下来，龙身就向下；龙头向左摆，龙身就向左；龙头向右摆，龙身就向右。

玩法三 追绣球

根据持绣球幼儿的指令转大圈，可上下，可左右，还可呈"S"形行进。

注意事项：1. 在游戏过程中注意保持距离，教师要监护幼儿安全，避免幼儿摔倒或擦伤。2. 要提醒幼儿保护活动区周边的花草树木，培养幼儿保护环境的生态文明素养。

游戏五 生态竹竿舞

游戏目标：1. 在生态操场上让幼儿熟练掌握跳竹竿舞的基本技巧，练习"双人跳""十字竿跳"等跳法。2. 发展幼儿身体灵敏、协调、弹跳的能力。3. 在优美的生态环境中培养幼儿团结协作、勇于挑战、热爱自然的良好品质，让幼儿体验跳竹竿舞的乐趣。

游戏准备：4米长的竹竿若干，音乐《跳起来》《阿里山的姑娘》。

游戏建议：1. 播放音乐《跳起来》做热身运动。让幼儿练习竹竿舞的基本舞步和打竿方法，随着音乐一起欢快地跳起来。孩子们在音乐声与竹竿的敲击声中，完成点地、跳跃、侧身、转体等技能动作，表现出力与美，构成一幅民族风情画，充分展现竹竿舞的特点。(图 3-95)

图 3-95

2. 跟随音乐练习节奏，熟练打竿与跳竹竿的技巧。①引导幼儿按节奏进行打竿和跳竹竿的练习，竹竿分合碰击，发出"咣嗒、咣嗒"的声响，在音乐的伴奏下，节奏铿锵有力、欢乐奔放。要防止竹竿夹脚、绊倒幼儿。根据音乐节奏配上口号，在竹竿开开合合的节奏中进行跳跃,增强幼儿跳竹竿的愉悦感。②播放音乐《阿里山的姑娘》,让幼儿在音乐的旋律与节奏感中,跟着音乐的节拍练习,提高打竿幼儿和跳竿幼儿之间的默契感。在跳跃中,幼儿的身体、动作与节奏完美地结合,体现出竹竿舞鲜明的民族特色。

3.逐步增加游戏的难度,让幼儿对竹竿舞游戏产生更浓厚的兴趣。加入"双人跳""圆圈跳""并列竿跳",使游戏有层次性,由易到难,不断地让幼儿去挑战,培养幼儿团结协作、坚持不懈的精神。①双人跳:两名幼儿进行合作,一只手握至旁斜上位,另一只手叉腰进行跳跃。②"米"字竿跳:游戏需6名幼儿打竹竿,中间一组不动,其他两组拿起竹竿向左右移动,把竹竿组成"米"字形。跳竹竿幼儿排成一队,根据音乐节奏,依次进出跳跃。③并列竿跳:由6名或8名幼儿打竿,跳竹竿幼儿跟随音乐节奏一个接着一个连续跳跃。④"十"字竿跳:游戏需要8名幼儿,准备两组,每组有两名幼儿面对面跪坐,相距1.5~2米。二人各握一根竹竿,呈"十"字交叉,听音乐或者儿歌的节奏,做分合敲击的动作。其余跳竹竿的4名幼儿,每人站在特定的方位,根据分合敲击的节奏顺时针或者逆时针地做跳进跳出的动作。

注意事项:1.竹竿不宜太粗,以直径4厘米、长3~4米为宜,避免幼儿踩到竿扭伤踝关节。在选择打竿节奏和跳竿方法上,要根据幼儿的年龄特点。2.打竿者尽量不要看跳竿者的脚,以免打乱节奏,应做到"耳听节奏,眼看双手"。3.孩子们在蔚蓝的天空下,美丽的生态广场上,用身心去感受生态化竹竿舞游戏的魅力,培养他们与伙伴之间团结协作、勇于挑战的精神。

游戏六 抽露骨

游戏目标:1.在熟知抽露骨游戏规则的基础上,积极参与游戏,体会集体游戏的快乐。2.在"你躲我找"的游戏中,提高幼儿动作及反应的灵敏性。3.让幼儿体会小小树叶带来的游戏快乐,感受大自然的伟大,萌发对大自然的热爱之情。

游戏准备:各种落叶、眼罩、生态化活动场地、轻松欢快的音乐。

游戏建议:幼儿园的园林是孩子们进行抽露骨的最佳场所。孩子们在树荫下随手取几片树叶,就成了游戏的材料。让孩子们穿梭在树林中,尽情享受亲近

图 3-96

大自然的乐趣。(图3-96)

玩法：抽露骨是传统民间游戏，几个人一组，其中一人站在中间，手握树叶，其中一片树叶是露骨，树叶与参加游戏的人员数量相等。游戏开始：参加游戏的幼儿陆续到中间，从握露骨的幼儿手中抽露骨，如抽到没有叶子的露骨就站到一边；如抽到带叶子的就在规定的时间内，迅速在周围找一个隐秘的地方藏起来。当抽到叶子的幼儿藏身时，抽到露骨的幼儿要把眼睛蒙起来。差不多时，寻找者问，"藏好了吗？"如果没有藏好就喊"没有"；如果藏好了，可以不出声音。当寻找者喊到三遍，没人应答时，就可以寻找了，被找到者要表演一个节目。如在规定的时间内找不到，最后一个幼儿与其交换游戏角色。

注意事项：1. 此游戏5~6人为宜，人数少了，一下就找到了，时间短；人数多了，找的时间过长，孩子会受挫。2. 在游戏结束后，幼儿应自觉清理活动场地，收拾废掉的树叶，保持场地干净。3. 藏身幼儿必须在规定的范围内藏身，保证安全。

室内

游戏一　翻花绳

游戏目标：1. 能用翻、钩、拉、压、撑、挑等一些精细动作翻花绳，并尝试、探索新的翻绳方法。2. 锻炼幼儿手部肌肉，培养其手眼协调能力及合作意识。3. 让幼儿体验民间传统游戏的乐趣，萌发对传统文化的热爱之情。

游戏准备：1. 由各种各样的原生态材料加工、着色的绳子。2. 活动前教幼儿学会翻花绳儿歌：翻花绳，翻花绳，花开四季翻花绳。你也翻，我也翻，翻来翻去好喜欢。

游戏建议：翻花绳是我国的一种传统民间游戏，这种游戏可以一人玩，也可以两人或多人一起玩，只需要一根线就能翻出各种生动有趣的图案。这种随时随地都可以玩的游戏可让幼儿兴趣盎然地玩在其中，学在其中，乐在其中。翻花绳游戏取材简单，能够开发幼儿的动手能力。当游戏开展到一定程度时，教师还可相应增加游戏的难度，用绳子翻出更多的新花样，满足不同层次幼儿的需要和创新欲望，从中发展幼儿的自主性，培养幼儿制订规则的能力和遵守规则的

图3-97

意识。这些改变可以提高游戏价值和幼儿的游戏兴趣。(图3-97)

玩法一：分一人玩和双人玩。玩时，将一根绳系成圈状，套于手指上，通过手指的穿插、交错、缠绕等手法，使绳变换成各种形状，如太阳、锯、鱼、天窗、面条、豆荚儿、牛槽、担架等。游戏规则：玩时一定注意不要把绳子缠在一起。

玩法二：将绳圈套在双手上，用双手手指或缠或绕，或穿或挑，经过翻转，将线绳在手指间绷出各种花样来。

玩法三：一人以手指将绳圈编成一种花样，另一人用手指接过来，翻成不同的花样，相互交替，直到一方不能再翻下去为止。

玩法四：降落伞。把绳子挂在右手大拇指和小拇指上，左手拇指和食指轻拉右手心里的线两次；左手大拇指和食指变成手枪压在两条线的下面，穿入右手拇指和食指圈内，从"山洞"中掏出线，变成"小裤子"；右手食指和无名指插到两条"裤腿"里，左手拇指和食指轻拉右手心里的第一条线，变成降落伞。

注意事项：1.鼓励幼儿在游戏中团结合作、共同协商。2.引导幼儿大胆创新，寻找新的玩法。

游戏二 玩柳条

游戏目标：1.探索用柳条、柳叶编花环、做柳哨，体验自我创意的乐趣。2.让幼儿体验民间传统游戏的乐趣，萌发对传统文化的热爱之情。

游戏准备：1.带领幼儿到生态活动区踏青，并折回柳条若干，剪刀。2.编好的柳环。3.利用家长资源，做一些柳条手工编织品。

游戏建议：4、5月的生态园，春光明媚，杨柳青青，是孩子们踏青的天然公园，一截柳条、几根野草都可以成为孩子手中的宝贝。将收集到的鲜嫩柳条，投放到指定的区域，供幼儿操作使用，以此引发幼儿对编织和声音的探索兴趣，培养幼儿愉快的情感和自信心。

玩法一 编柳条花环

出示编好的柳环，让幼儿观察、讨论：柳环是怎么编起来的？（让幼儿自主探索，体现以幼儿为主体的思想。）幼儿尝试编柳环，请编好的幼儿介绍自己是怎么编的，然后，大家一起探索、尝试柳环的多种玩法。（幼儿用自制的玩具游戏，兴趣盎然。）与同伴分享自己的玩法（滚环、套在脖子上转、放在地上跳、抛环、戴在头上匍匐前进等），培养幼儿合作意识。柳环还可以两人、三人、多人一起玩，请幼儿表演给大家看。

玩法二　柳条哨

先将鲜柳条剪成5~10厘米的长条，用手拧着皮把柳条心抽出来，然后把皮的一头用指甲压扁，用嘴巴吹压扁的一头，就会发出声音来。选一对伙伴，两人吹各自的哨子，听一听哨音一样吗？为什么？引导幼儿发现哨音与材料及材料长短、粗细的关系，即使材料相同的哨子，如果长短、粗细不同，吹出的声音也不同。短些、细些的哨子声音响些；粗些、长些的哨子声音低些。还可指导幼儿，跟随音乐节奏进行吹奏练习。（图3-98）

图3-98

注意事项：1.活动过程中注意给幼儿创设自主、合作、探究的学习环境，鼓励幼儿自我创新，尝试合作。2.对于做出哨子的幼儿，教师要指导他们吹响，让他们体会到成功的喜悦。

游戏三　花生的妙用

游戏目标：1.能根据花生的形状，运用绘画、粘贴、塑造等方法进行创意，制作出美妙的艺术作品。2.在创作中发展创造力和想象力。3.让幼儿体验民间传统游戏的乐趣，萌发对传统文化的热爱之情。

游戏准备：收集花生标本、实物及有关花生的资料、图片，提供制作材料，花生、大豆、玉米、毛线、即时贴、卡纸、剪刀、筷子、饮料瓶、勺子、娃哈哈瓶、正方形的彩绸、线绳等。

游戏建议： 幼儿园园林区的种植园地中，有各种各样的农作物，每到收获的季节，带孩子们去刨花生，然后进行观察、品尝。让幼儿利用自己收获的花生来开展区域活动，这不仅能让幼儿亲近自然，接触自然，更能让幼儿体验到劳动的快乐。（图 3-99）

玩法一　夹花生米

剥出花生米，放在盒内，让幼儿练习用筷子将花生米夹入小碗内，两组幼儿进行比赛，看谁夹得快。通过让幼儿练习夹花生米，锻炼其拿筷子夹物的能力，同时锻炼幼儿手部的灵活性及协调能力。

图 3-99

玩法二　喂娃娃

将饮料瓶做成娃娃，刻出嘴巴，然后进行装饰。每人一碗花生米，让幼儿用小勺子将花生米（食物）送入娃娃嘴中，锻炼幼儿的协调能力，培养幼儿不挑食、不掉饭粒的好习惯。

玩法三　沙拉罐

将少量花生米或其他农作物种子分别装入不同娃哈哈瓶内，将瓶口用彩绸盖住，用线绳扎紧，让幼儿辨别不同种子的声音，进行打击乐表演。

玩法四　制作小动物

用卡纸，剪两只小眼睛，对称贴在花生顶的两侧，做成公鸡的头；再剪出羽毛状，粘在花生上，作为公鸡的羽毛；最后剪一鸡冠，粘在公鸡头上。这样，一只可爱的公鸡就粘贴完成了。另外，还可以利用花生和卡纸做小兔子等各种小动物。

玩法五　花生壳变变变

将剥下来的花生壳清洗干净，让幼儿发挥想象力，进行粘贴、拼图，制成一幅漂亮的图画。

注意事项： 1.剥花生壳时不要弄伤手。2.制作沙拉罐时不要将种子洒到地上。3.粘贴作品时注意胶水的使用，不要将画面弄脏。

第四章　人文生态化德育活动

《幼儿园工作规程》中明确指出："幼儿园的任务是贯彻国家的教育方针，按照保育与教育相结合的原则，遵循幼儿身心发展特点和规律，实施德、智、体、美等方面全面发展的教育，促进幼儿身心和谐发展。""幼儿园的品德教育应当以情感教育和培养良好行为习惯为主，注重潜移默化的影响，并贯穿于幼儿生活以及各项活动之中。"幼儿阶段是良好品德培养的关键期，具备良好的品德素养，将促使幼儿逐步成长为遵纪守法、爱岗敬业、孝亲敬老、文明进取的新时代社会主义建设者和接班人，更是构建和谐社会、建设美丽中国的基础和保障。

人文生态化德育就是顺应时代要求，利用更加贴近幼儿生活的原生态、体验式、人本化形式，把德育目标和德育内容贯穿至幼儿一日生活之中，融合至幼儿园课程主题活动之中。人文生态化德育通过开展一年四季和二十四节气人文生态德育主题活动、"探探"微课生态德育活动和人文生态德育儿童剧等，更加系统、全面地对幼儿进行人文生态德育熏陶和培养，促使幼儿在潜移默化中形成良好的品德素养和优秀的道德品质，为一生健康发展奠定良好的基础。

第一节　四季人文生态德育主题活动

春季

活动一　寻找春天

一、**活动主题**：寻找春天（适合年龄：3~6岁）

二、**活动目标**：通过观察，发现春天的变化，初步了解春天的季节特征；知道春天是万物复苏的季节，学会保护动植物、保护环境。

三、**活动过程**

活动前家长和幼儿一起通过观察、搜集资料制作"寻找春天"的主题报，提前做好准备。

（1）寻找春天之"芽芽"篇

①引导幼儿回忆冬天树木的样子，鼓励幼儿根据已有的生活经验进行表达。引导幼儿知道现在是春天，鼓励幼儿根据自己对春天的感知进行自由表达。

②户外观察：带领幼儿到幼儿园花园、种植区进行观察，找一找哪些植物在春天里已经发出了嫩芽，看一看小嫩芽是什么样子的，并将观察到的嫩芽的样子用画笔记录下来。

③交流分享：教师引导幼儿将观察记录的结果和同伴交流分享。

④教师通过课件向幼儿展示更多春天发芽的植物。教师通过播放课件、视频等让幼儿了解植物发芽的过程，了解植物发芽生长需要阳光、空气、水等常识。

⑤教师和幼儿围绕"植物好朋友"主题进行谈话活动。通过播放"植物作用大"课件，让幼儿了解植物与人们生活的密切关系。教师和幼儿共同在种植区、自然角培育芽芽，观察、记录芽芽的生长过程，增强幼儿爱护植物的环保意识。

⑥教师进行主题活动总结，引导幼儿了解芽芽是植物生长的初级阶段，要保护大自然中各种各样的芽芽，不随意折损和踩踏。

（2）寻找春天之"色彩"篇

①谈话：小朋友喜欢什么颜色？你眼里的春天是什么颜色的？

②实践活动：教师带领幼儿一起到户外寻找春天的颜色都有哪些。

③交流分享：小朋友，你寻找到的春天的颜色有哪些？你是从哪里发现的？

④散文诗欣赏：播放背景音乐《春》，教师边播放课件，边朗诵散文诗《春天的色彩》，让幼儿在已经观察、感知春天色彩的基础上进行欣赏，进一步感受春天的多姿多彩。

⑤仿编儿歌：通过散文诗欣赏，进行简单的儿歌仿编，如：春天是嫩嫩的绿色……

⑥教师总结：春天是有颜色的，红的、绿的……春天是一个多彩的季节，春天给我们带来了美丽的花朵、甜甜的花香，给我们带来了快乐，我们要一起留住春天。花儿好看我不摘，草儿嫩绿我不踩，增强幼儿爱护花草的意识。

⑦活动延伸：在美工区投放多种颜色，引导幼儿用点彩画技法，创作《美丽的春天》，感受点彩画的独特美。

（3）寻找春天之"动物"篇

①《春天的电话》导入。教师提问：春天来了，河里的冰融化了，小草也发

出了绿芽，小熊可开心了，它要把这个好消息告诉它的好朋友，它会告诉谁呢？

②教师结合故事课件进行讲述。

③引导幼儿交流故事中小熊都给谁打了电话，通过交流让幼儿知道春天来了，冬眠的小动物都苏醒了；天气暖和了，小动物可以到户外活动了，让幼儿进一步感受春天的季节特征。

④教师结合课件，引导幼儿进一步感知春天里小动物的活动，小蝌蚪、青蛙、小燕子、小羊、小乌龟、小蜗牛、小松鼠、小兔子等。

⑤谈话活动：你喜欢的小动物是什么？为什么？讲一讲你和小动物的有趣故事。所有的小动物都是我们人类的好朋友，每一只小动物都是有生命的，我们要爱护所有的小动物，做小动物的好朋友。

⑥户外实践活动：寻找春天的小动物，观察小动物的特征和活动。

图4-1 小朋友们在观察柳芽

图4-2 小朋友们在观察迎春花

四、教学资源

（1）散文诗

春天的色彩

一声春雷惊醒了正在冬眠的小熊。小熊在黑黑的树洞里睡了一个冬天，它想：过了一个黑色的冬天，春天来了，春天是黑色的吗？春天是什么颜色的呢？小草告诉小熊："春天是嫩嫩的绿色。"草莓告诉小熊："春天是甜甜的红色。"小白兔告诉小熊："春天是跳跳的白色。"小熊听了说："哦！我知道了，原来春天是嫩嫩的绿色、甜甜的红色、跳跳的白色。"

（2）故事

春天的电话

　　"轰隆隆！"打雷了——
　　"轰隆隆！"打雷了。
　　睡了一个冬天的小胖熊被惊醒了，他揉揉眼睛，打开窗户，往外一看："啊，原来是春天来了！"他赶忙拿起电话，嘚儿嘚儿拨电话号码——1、2、3、4、5："喂，小松鼠吗？春天来了，树上的雪融化了，快出来玩游戏吧！"
　　小松鼠听了电话，嘚儿嘚儿拨电话号码——2、3、4、5、1："喂，小白兔吗？春天来了，山坡上的草绿了，快出来吃青草吧！"
　　小白兔听了电话，嘚儿嘚儿拨电话号码——3、4、5、1、2："喂，小花蛇吗？春天来了，河里的冰融化了，快出来散步吧！"
　　小花蛇听了电话，嘚儿嘚儿拨电话号码——4、5、1、2、3："喂，小狐狸吗？春天来了，天气更暖和了，快出来野餐吧！"
　　小狐狸听了电话，嘚儿嘚儿拨电话号码——5、1、2、3、4："喂，小胖熊吗？春天来了，山上的花开了，快出来采花吧！"
　　小胖熊听了电话，高高兴兴地来到外边，看见大伙儿全出来了。他对小狐狸说："谢谢你给我打电话，告诉我春天来了。"小狐狸指指小花蛇，小花蛇指指小白兔，小白兔指指小松鼠，都说："是他先打电话给我的，应该谢谢他。"小松鼠指着小胖熊说："我们应该谢谢小胖熊！是他第一个给我打电话的！"小胖熊听了，害羞得连忙用两只大手捂住脸，连声说："不用谢，不用谢！"

（3）春天的特征

【天气】
　　①天气渐渐暖和了，冰雪渐渐融化了，开始下雨了，有时还会听到雷声。
　　②比起冬天来，白天渐渐长了，黑夜渐渐短了。

【植物】
　　①树枝上的芽慢慢地长大了，有的长出了绿绿的小叶子，有的开出了花朵。
　　②开花最早的树有桃树、杏树、梨树。

③地上长出了小草，麦苗开始返青，有的蔬菜要下种，像西红柿、黄瓜、茄子、豆角等，这些蔬菜都喜欢温暖的天气。所以，农民在天气还很冷的时候，就先把西红柿、茄子的种子种在温床里，让它们在温床上发芽、出苗。当幼苗渐渐长高了，外面的天气也暖和了的时候，再把幼苗从温床里挖出来，移植到菜园里去。

④地里的蔬菜、园里的果树都需要人去照料，比如浇水、施肥等。

⑤地里种的白菜、油菜、萝卜都开花了，以后还要结籽。

【动物】

动物活跃起来了。蜜蜂在树木花草中飞来飞去，它们在采花酿蜜。许多虫子也都出来了，像蛐蛐，它们冬天藏在地里（叫"冬眠"），天气一暖和，就都钻出来了。燕子开始从南方飞回来，在屋檐下搭窝。大雁也从南方飞回北方。

【人们的衣着和劳动】

①因为天气一天比一天暖和，人们脱去了棉衣、毛衣，先是穿绒衣、线衣，后来就逐渐穿单衣了。

②农民在地里忙碌，比如平整土地、播种、施肥、除草、间苗等。

活动二　绿化好处多

一、**活动主题：**绿化好处多（适合年龄：5~6岁）

二、**活动目标：**知道3月12日是植树节，了解植树对净化、绿化、美化环境的作用，懂得爱护花草树木；知道植物是人类、动物的好朋友；了解绿化的好处，初步产生环保意识。

三、**活动过程**

（1）参观"绿植博览会"。活动前用幼儿收集到的照片、图片把教室布置成一个绿植博览会，老师带领幼儿参观并做简单的讲解，提问：你认识哪些树、哪些草、哪些花？它们生长在哪里？

（2）分享交流：幼儿观察后将自己认识的树的图片、照片放到实物投影仪上，讲解自己所知道的知识，和同伴分享交流，同时积累经验。

（3）观看多媒体课件

①播放沙尘暴侵袭的片段，画面中人们头裹纱巾，在风沙中艰难地行走。

②播放山洪暴发、水土流失、人们流离失所、同龄儿童因此而失学的视频。

③小动物搬家。通过观看大树被砍伐后小动物找不到家的视频，让幼儿在情感上产生共鸣，教师适时地提问："为什么小动物会搬家？""为什么会山洪暴发？"

④讨论：你认为植树造林有什么用呢？通过小组讨论、个别提问等多种形式让幼儿间接获取信息。

⑤讨论：怎样保护绿化、植树造林？

（4）教师带领幼儿制作保护绿植牌，将保护绿植牌放到幼儿园、社区、公园的绿化地带，倡导所有的人都来爱护花草树木。

（5）教师利用3月12日植树节渗透绿化教育。通过图片、视频等讲解绿化的好处，让幼儿知道树木能净化空气、阻挡风沙、美化环境等。教师带领幼儿认识花草树木，给其浇水、培土等，提高幼儿的环保意识。

图 4-3 教师带领幼儿在观察树木　　　　　图 4-4 教师和小朋友一起给小树挂保护牌

四、教学资源

绿化的好处

（1）补充空气中的氧。绿化植物在进行光合作用时，吸收空气中的二氧化碳，释放氧气，空气中有60％的氧气是由森林、绿地制造的。

（2）吸收大气中的有害气体。绿化能有效地减少汽车尾气中的氮氧化合物。

（3）防尘。植物的叶面和茎的表面有的长着茸毛，有的能分泌黏液或油脂，因此能拦截、过滤、吸附或黏着悬浮于大气中的各种颗粒物。

（4）防风。绿化是防风的有效措施之一，特别是茂密的森林，其防风作用更明显。

（5）减噪。马路两旁及住宅的周围多栽植乔木、灌木，能极有效地减少噪声污染。

（6）灭菌。不少植物不仅能分泌黏液滞留空气中的细菌，有些植物还能释放出具有杀菌作用的植物杀菌素。

（7）净化水质。树木有吸收水中溶解物质的作用，实验证明，有色、有味、混浊和含细菌的污水流过森林后，水的色度降低，异味减弱或消失，透明度升高，细菌含量明显减少，大大减轻了污水对环境的污染。

活动三　小燕子回来了

一、活动主题：小燕子回来了（适合年龄：5~6岁）

二、活动目标：知道燕子是人类的朋友，要和燕子和睦相处；能说出燕子的外形特征、生活习性及居住环境；感知燕子迁徙与季节的关系；知道要保护燕子，爱护大自然。

三、活动过程

（1）参观"小燕子的家"图片展。春天是万物复苏、燕子北回的季节。活动前用幼儿收集的燕子窝的照片、图片布置"小燕子的家"图片展，老师带领幼儿参观并做简单的讲解，同时提问：你知道这是谁的家吗？小燕子一般把家安在哪里？小燕子的家是怎么做成的？是用什么做成的？

分享交流：观察后，请幼儿分享自己在哪里见过燕子窝，是什么样子的。

教师小结：小燕子一般把家安在屋檐下，用衔来的泥、草茎和唾液黏结成巢，在里面铺细软的杂草、羽毛、破布等。巢为"皿"状。

（2）观看多媒体课件。

①欣赏燕子在空中飞翔的图片，画面中小燕子在自由地飞翔。

提问：小燕子是什么样子的？这是燕子的什么部位？小燕子喜欢吃什么？引导幼儿按照燕子头、身体、尾巴的顺序来观察。

教师小结：小燕子有一身乌黑光亮的羽毛，一对俊俏轻快的翅膀，体长130~180毫米。翅尖长，善飞，嘴短弱，嘴裂宽，尾叉形，像剪刀，脚短小而爪较强。燕子每年繁殖2窝，大多在5月至6月初和6月中旬至7月初；第一窝产卵4~6枚，第二窝少些，为2~5枚，卵为乳白色，雌雄共同孵卵。

②欣赏燕子回巢的图片

提问：小燕子是从哪里飞回来的？它为什么要飞到南方去，然后又飞回来？小燕子什么时候飞往南方？什么时候飞回来？小燕子为什么要经过千辛万苦飞回来呢？

它又是怎么找到家的?

教师小结：燕子是一种候鸟，冬季会飞到南方过冬，到了春夏季又会飞回到北方。燕子南飞的时间根据地区不同是有所差别的，比如东北地区是从8月中旬开始，而到了山东就是9月份以后了，每年的4—5月份飞回北方。而且因为燕子具有较强的记忆力和超常的导航本领（方向感），所以它能找到第一次筑巢的地方，因此每年它都会在秋冬季飞走，在春夏季飞回来，就像回家一样。

③带领幼儿到附近的居民区寻找燕子和燕子窝并观察

提问：它为什么要把家安在屋檐下？

教师小结：燕子只捕食飞行过程中的昆虫，这样的生活习性使它习惯栖于建筑物边缘和电线等突出物上，因为这样更接近自己的捕食对象，同时也更利于起飞，不会受伤。另外由于人们长期爱护小燕子，无人捕杀它，所以它对人也无恐惧感。

（3）寻找燕子的卵，了解燕子的孵化过程。出示燕子卵的图片，请幼儿观察燕子卵的特征，引导幼儿了解小燕子的孵化过程。

提问：燕子的卵是什么样子的？你知道小燕子是怎么孵出来的吗？小燕子是怎么长大的？它吃什么呢？

教师小结：燕子一年繁殖两窝，每窝产卵3~6枚。雏燕出世后，雌燕还要在窝中抱雏，觅食的重责自然落在雄燕身上。雄燕平均每天往返巢中200次左右，捕捉数以千计的昆虫来喂养幼燕。待幼燕羽翼渐丰、食量大增时，雌燕才帮着雄燕一起外出觅食，以食饱一窝小燕。据统计，一窝燕子在一个夏天吃掉的昆虫达100万只；也有人说一只燕子在一个夏天吃掉的昆虫一个接一个地排起来，可长达1000米。

（4）小燕子学飞翔。出示小燕子跟随燕妈妈学飞翔的图片，引导幼儿了解小燕子是经过努力，慢慢学会飞翔的。

提问：小燕子一开始会飞吗？它是怎么学会飞翔的？

教师小结：燕妈妈用自己的方式让小燕子们学会飞翔，翱翔在蓝色的天空。小燕子经过一番痛苦的挣扎，才能学会飞翔的本领。没有天生的赢家，努力和勤奋是很重要的，所以不管做什么事都要坚持，养成坚持的好品格。

（5）如何保护小燕子？小燕子是人类的好朋友，它每年都飞往南方过冬，到了春天又会飞回来。小燕子是一种益鸟，主要捕食蝗虫、蚊蝇等对人和农作物危害较大的害虫，所以人们喜欢小燕子，不去伤害它们。小燕子也感觉到了人的善良，所以非常喜欢它们原来生活的地方，把那里当成自己的家，这就是小燕子每年春天都要冲破重重困难回到自己原来生活的地方的原因。可是有很多的小燕子因为种种原因会受伤或死亡,那么我们应该如何保护小燕子呢?教师引导幼儿寻找保护小燕子的方法。

教师小结:燕子是益鸟,是人类的好朋友,我们应该保护它们。我们不能去破坏燕子的窝,不能捉燕子。(分享保护燕子的小故事)

保护小燕子的感人故事之一:

为什么不翻盖新房了

有一家家境比较殷实的农户,家里的房子旧了,户主决定在原址重新翻盖房子。当他把所有的材料都准备好,要开始盖房子时,却发现在屋檐的下面有一个燕子窝,里面有四只小燕子。这个户主为了不让小燕子受惊吓,能够安全地生活,毅然决定不重新盖房子了。一年又一年,直到现在,他家还住着以前的房子,只为给小燕子一个安稳的家。就这样,燕子窝也从一个变成了两个、三个……

保护小燕子的感人故事之二:

永远开放的单元门

在一座居民楼里,楼道顶棚一角,有两只燕子在那里做了窝。这个单元的所有居民为了让燕子出入方便,便自觉地不再关闭单元门。只因为他们知道小燕子是人类的好朋友,是益鸟,他们要让小燕子住得安稳,让小燕子喜欢这里。

保护小燕子的感人故事之三:

不安纱窗的阳台

在一栋旧的居民楼里住着一位奶奶,在这位奶奶家的阳台上,有一个燕子窝。夏天正是蚊子、苍蝇泛滥的季节,奶奶为了让小燕子能够自由出入,便没有在窗户上安装纱窗,忍受着苍蝇的骚扰和蚊子的叮咬。即使这样,这位奶奶每天看着燕子进进出出,也感到特别开心,因为她把燕子当成了自己的"家人"。

图 4-5 小燕子的窝

图 4-6 小燕子的卵

图 4-7 小燕子从南方飞回来了

图 4-8 雏燕在等爸爸妈妈觅食归来

四、教学资源

（1）小燕子是怎么筑巢的

燕子衔泥，一点点构筑自己的小窝。在屋檐下，在角落里，它们用泥土和自己的唾液，加上自己的心血，构筑一个属于它们的家。燕子筑巢的材料极为简单，就是泥土、稻草、根须、残羽等。它们飞至河边、水潭，啄取湿泥，集成丸状，然后衔回，再混以稻草、残羽，在房梁或屋檐下筑巢。筑巢时，燕子在巢内垒泥，由里向外挤压泥球，所以尽管巢外面凹凸不平，巢里面却较为平整。巢内再铺上轻羽、软毛以及细柔杂屑，便成了一个很舒适的家。建造一个新巢，雌雄燕通力合作，至少也要花十几天的功夫，每日往返数次，才能垒起 3~4 厘米的泥墙。假如筑巢的泥土取得不好，或者所选择的房梁太光滑，还会发生倾巢事故，前功尽弃。每当这时，燕子都会锲而不舍，从头做起，重新施工筑造新巢。

（2）小燕子的外形特征和生活习性

燕子是雀形目燕科的 1 属。本属鸟类，体型小，体长 130~180 毫米，背羽大都是灰、蓝、黑色，因此，古时把它叫作"玄鸟"。翅尖长，善飞，嘴短弱，嘴裂宽，为典型食虫鸟类的嘴型，脚短小而爪较强。世界上有20多个品种，中国有4种，其中以家燕和金腰燕比较常见。家燕在农家屋檐下营巢，每年繁殖2窝，大多在5月至6月初和6月中旬至7月初，第一窝产卵4~6枚，第二窝少些，为2~5枚，卵为乳白色。雌雄共同孵卵，14~15天幼鸟出壳，亲鸟共同饲喂。雏鸟约20天出飞，再喂5~6天，雏鸟就可自己取食，食物均为昆虫。金腰燕体形似家燕，但稍大些，此种燕腰部栗黄，非常鲜艳夺目，下体有细小黑纹，易与家燕相区别。金腰燕习性亦与家燕相似，但大都栖息于山地村落间。燕是典型的迁徙鸟，繁殖结束后，幼鸟仍跟随成鸟活动，并逐渐集成大群，在第一次寒潮到来前南迁越冬。

一般在冬天来临之前的秋季，燕子总会进行一年一度的长途旅行——成群结队地飞向遥远的南方。

（3）燕子迁徙的原因

表面原因：北方寒冷，南方温暖。北国冬天的寒冷使得燕子离乡背井，去南方过冬；等到春暖花开的时节，再由南方返回本乡本土生儿育女、安居乐业。

真实原因：燕子以昆虫为食，习惯于在空中捕食飞虫，不善于在树缝和地隙中搜寻昆虫食用。北方的冬季是没有飞虫可供燕子捕食的，燕子又不能像啄木鸟和旋木雀那样去发掘潜伏下来的昆虫幼虫、虫蛹和虫卵。食物的匮乏使燕子不得不每年来一次秋去春归的南北大迁徙，以得到更为广阔的生存空间，燕子也就成了鸟类家族中的"游牧民族"。

（4）燕子是怎么学会飞翔的

燕妈妈用自己的方式让小燕子们学飞翔，小燕子经过一番痛苦的挣扎，需要20多天，才能学会飞翔的本领，翱翔在蓝色的天空。

（5）燕子的尾巴为什么像剪刀

燕子的尾巴之所以像剪刀，是因为它生活的需要。燕子为了生存和哺育后代，必须具有飞得快、转弯灵活的本领。而剪刀似的尾巴，可以帮助它飞得更快，特别是在空中转弯的时候，可以减小空气的阻力，使它非常灵巧地转弯，捕捉飞虫时更是又快又准。总之，剪刀形状的尾巴是流线型的，便于保持平衡，可以提升燕子自身的飞行速度。

（6）迁徙过冬

燕子在冬天来临之前的秋季，要进行一年一次的长途旅行——成群结队地由北方飞向遥远的南方，去那里享受温暖的阳光和湿润的气候，而将严冬的冰霜和凛冽的寒风留给从不南飞过冬的山雀、松鸡和雷鸟等。

（7）儿歌

小燕子

小燕子，穿花衣，年年春天来这里。
我问燕子你为啥来？
燕子说："这里的春天最美丽！"

（8）古诗

乌衣巷
唐·刘禹锡

朱雀桥边野草花，乌衣巷口夕阳斜。
旧时王谢堂前燕，飞入寻常百姓家。

活动四　神奇的蝌蚪

一、活动主题：神奇的蝌蚪（适合年龄：3～6岁）

二、活动目标：了解蝌蚪的生活环境、生长过程、生活习性等，体验寻找蝌蚪的乐趣；见证蝌蚪变青蛙的成长过程，激发幼儿探索大自然的欲望；知道青蛙是益虫，能捉害虫，增强爱蝌蚪、护青蛙、保护大自然的环保意识。

三、活动过程

（1）户外实践"我们一起找蝌蚪"。

①清明时节，老师带领小朋友到有蝌蚪的公园或郊区湿地春游，引导幼儿观察公园的春天有什么景象，小朋友们发现小树发芽了，小草长出来了，河水"哗哗"地流着。引导幼儿观察水边的水草上有什么，是什么形状、什么颜色，让幼儿自主回答。

教师小结：这种小小的、黑黑的、尾巴长长的动物，是刚出生的蝌蚪。小蝌蚪现在还很小，过几天我们再来探寻蝌蚪的秘密吧。

②20天后，老师带领幼儿再次观察，引导幼儿思考：看看现在的蝌蚪跟前段时间相比有什么变化？幼儿自主回答。老师提问：这些蝌蚪是从哪里来的？有小朋友说，想把小蝌蚪抓回去放到幼儿园里观察，老师说这是不可以的，因为小蝌蚪的家在池塘里。过一段时间它要变成青蛙，青蛙吃害虫，是人类的好朋友。过几天我们还要观察小蝌蚪神奇的变身，所以我们不能把小蝌蚪抓走。

③一周后,老师带领幼儿观察并提问:小蝌蚪比我们上次来的时候变大了,除此它们的身体上还有什么变化?为什么有些长出了两条后腿?

教师小结: 我们每次来,小蝌蚪都有新的变化,小蝌蚪的华丽变身开始了,那我们下次再来看看小蝌蚪有什么变化吧。

④两周后,老师带领幼儿观察:池塘里小蝌蚪去哪里了?多了一些什么?

教师小结: 原来小蝌蚪长出了后腿、前腿,尾巴慢慢变短了,变成一只小青蛙了。哇!小蝌蚪太神奇了,原来它能变成小青蛙。青蛙是消灭害虫的能手,是我们人类的好朋友,所以我们要保护小青蛙,保护小蝌蚪。

(2)集体教育。把每次拍的小蝌蚪照片做成"蝌蚪的生长过程"课件,引导幼儿了解"蛙卵—小蝌蚪—长出后腿—长出前腿—小青蛙"的变化过程,知道蝌蚪的生长环境、特征以及蝌蚪与我们生活的密切关系,并懂得要保护蝌蚪。

(3)户外实践:放生小蝌蚪。教师引导:今天有小朋友的爸爸抓了一些小蝌蚪来幼儿园,我们应该如何做?教师适时引导幼儿:蝌蚪长大了能够捉害虫,是人类的朋友,所以我们要爱护它,让它回到自己的家里,那我们一块儿把小蝌蚪送回家吧。教师带领幼儿到公园放生蝌蚪,让它们回归大自然。

(4)操作实践:通过操作及表演再现蝌蚪生长过程。

①利用区域活动,使用棉签蘸黑色颜料,在画有荷叶的画纸上添画蝌蚪。

②幼儿通过绘画、粘贴、彩泥制作等形式表现蝌蚪的生长过程。

③班级教师和幼儿在了解蝌蚪的变化过程后,进行故事表演,加深对蝌蚪的认识。

(5)主题家园共育。幼儿将做好的蝌蚪成长记录册、彩泥作品带回家,跟家长讲述小蝌蚪生长的全过程,并与家长达成保护蝌蚪和小青蛙的共识。

图 4-9 自然界中的小蝌蚪

四、教学资源

蝌蚪的生长阶段

生长初期（1~10 天）：蝌蚪孵出 3 天内不觅食，依靠从卵黄中带来的营养维持生命，过早喂食反而会导致其死亡。3 天后蝌蚪的活动量明显增加，两鳃盖完全形成时开始觅食。应避免阳光直接照射小蝌蚪。小蝌蚪经过 10 天的生长发育，体长可长到 1~1.5 厘米。

生长前期（10~20 天）：小蝌蚪 10 天以后，食量增大，生长发育加快。通过精心饲养，蝌蚪到 20 日龄时，体长可达 2 厘米，体色变为淡棕色，背部有乳白色的花纹。

生长中期（20~50 天）：此时蝌蚪的消化功能不断增强，吃植物性饲料和藻类植物，如浮萍。到 50 日龄时，有些蝌蚪长出后脚。这一时期蝌蚪成活率可达 95%，如果水温偏低，这一时期将会更长。

生长后期（50~78 天）：这一时期是蝌蚪转化为幼蛙的关键时期，蝌蚪在此期间要长出后肢和前肢，并且由水生转化为水陆两栖。50 日龄左右，蝌蚪体长达 4 厘米以上，长出后肢；之后约 2 周（65 日龄）开始长前肢；前肢长出后，尾部开始被吸收，此时蝌蚪停止觅食，进入变态期。

夏季

活动一　我是生态小卫士

一、活动主题：我是生态小卫士（适合年龄：5~6 岁）

二、活动目标：了解造成生态环境破坏的原因；知道动植物、水、环境等生态资源与人类的关系，萌发保护大自然的意识；愿意从身边的小事做起，争当生态小卫士。

三、活动过程

（1）欣赏"美丽的地球"视频、课件，了解我们所居住的家园是一颗十分美丽的星球，有着非常迷人的自然风光以及丰富的动植物等资源，引导幼儿了解地球的美好。

（2）观看"地球妈妈生病了"的图片，引导幼儿思考：是什么原因导致地球妈妈生病了？幼儿自主回答。

教师小结： 由于人类对植物的破坏、对动物的捕杀、对自然资源的不恰当利用等，地球生态环境受到非常严重的破坏。

（3）共同探讨：生态环境遭到破坏后，会给我们造成哪些危害和影响？

①动植物物种减少，造成生物链缺失，不能正常循环。

②大量砍伐植物会造成沙尘暴、山洪暴发、水土流失等，给人类造成灾难。

③水资源的浪费与污染，导致饮用水越来越少。

（4）在日常生活中，你身边有哪些破坏生态环境的现象？提示幼儿从身边的小事思考，例如乱扔垃圾、捕捉小鸟、浪费水资源等。

（5）讨论：作为小朋友，我们应该如何做？通过小组讨论、个别提问等多种形式引导幼儿思考、回答；进而引导幼儿从关心爱护身边的动植物、节约用水、不乱扔垃圾等日常小事做起，保护生态资源。

（6）实践活动：组织幼儿到公园、绿化带、河边等处捡拾垃圾；同时进行生活教育，如不乱扔垃圾、看到乱扔垃圾现象及时劝阻等。利用3月12日植树节渗透绿化教育，带领幼儿种植花草树木并进行后期的管理等；利用3月22日世界节水日，引导幼儿节约用水，保护水资源；利用6月5日世界环境保护日，带领幼儿制作环保牌，宣传环保知识，倡议家长带领幼儿捡拾户外的白色垃圾等。

图 4-10 小朋友在给幼儿园的小树浇水

图 4-11 小朋友在小区内发环保知识宣传单

四、教学资源

儿歌一

爱护小树苗

院里一排小树苗，棵棵栽得一般高。
小树苗，嫩又小，摇一摇，就摔倒。
小朋友们爱树苗，你不碰，他不摇，
挂上一张小纸条：人人爱护小树苗。

儿歌二

　　　　　　环保袋

　　环保袋，人人爱，用它代替塑料袋。
　　减少垃圾又节约，使用方便少损害。
　　环保袋，人人爱，小朋友们快快来。
　　宣传使用环保袋，保护环境大家爱。

活动二　树是我们的好朋友

一、活动主题：树是我们的好朋友（适合年龄：5~6岁）

二、活动目标：认识生活中几种常见的树，知道树木的多种用途，感受树的美好；初步了解树对人、对环境的重要作用；懂得爱护树木，能够有主动关注周围事物的意识。

三、活动过程

（1）教师和幼儿一起观察生活中的树，认识几种生活中常见的树，简单了解树的作用，丰富幼儿的认知经验。

（2）分享交流：你还认识哪些树(树的种类)？在哪儿见过树(公园、小区、幼儿园、马路边、河边等)？你喜欢树吗？为什么？请你说出喜欢树的理由。

教师小结：幼儿园、小区、公园、小河边、马路边，生活中的角角落落里都有树。树的存在，让我们的环境更美丽，生活更美好。

（3）出示树的图片，让幼儿观察树的组成部分：树根、树干、树冠(树枝和树叶)，分别了解树的各个部位的作用。

①树根的作用：根雕、防止水土流失等。

②树干的作用：桌椅、橱柜、门窗、木制玩具、造纸等。

③树冠的作用：遮阴、乘凉、防风固沙、净化空气、制造氧气等。

教师小结：树木不仅可以制作家具、造纸，还能净化空气、减少噪声，给我们带来清新的环境，树是人类的好朋友。

（4）树为我们人类做了这么多的贡献，小朋友们都喜欢树，小动物也喜欢树，你们知道为什么吗？引导幼儿说出树与动物的关系。

树与动物的关系：小鸟筑巢、动物的食物(长颈鹿等)、动物的家(树洞、树林)。

教师小结：树叶、果实为一些小动物提供食物；树林是小动物们的乐园，比如小鸟在树上筑巢；冬天的时候，有的小动物还能在树洞里面过冬。小动物和我们一样，都离不开树，树也是动物的好朋友！

（5）树为动物和人类做了这么多，我们应该怎么对待树呢？引导幼儿说出怎样保护树木。

给小树浇水、不攀爬树木、减少砍伐树木、在树上搭鸟窝吸引小鸟以减少虫灾等。

教师小结： 树木有这么多的用处，是我们的朋友，我们应该爱护它们。在日常生活中，我们要节约用纸，尽量不使用一次性的筷子，做一个环保小卫士。

图 4-12 教师带领幼儿在幼儿园观察树

图 4-13 教师带领幼儿在幼儿园观察树

四、教学资源

1. 荒原变绿洲——塞罕坝

20 世纪 60 年代初，国家在塞罕坝建了一座大型林场，恢复植被，阻断风沙。1962 年 9 月，369 名平均年龄不到 24 岁的创业者，从全国 18 个省（市）集结上坝，开始了艰苦卓绝的高寒沙地造林。几代人克服了一个又一个困难，经受了一次又一次考验，持续奋斗 56 年，终于创造了荒原变林海的人间奇迹，使得在自然状态下至少需要上百年才能修复的塞罕坝生态环境，重现盎然生机。

如今，林场造林面积达到了 746.7 平方千米，成为世界上面积最大的人工林场。这片林海每年为滦河、辽河涵养的水源，相当于 10 个西湖的蓄水量。

塞罕坝的单位面积林木蓄积量，是全国人工林平均水平的 2.8 倍。这里的森林生态系统，每年能产生上百亿元的生态服务价值，每年释放的氧气可以供 200 万人呼吸一年。

2. 植树造林的好处

植树造林是我们每个公民的义务，国家规定每年的 3 月 12 日为植树节。植树造林可以调节气候、净化空气、美化环境，还能吸收二氧化碳，制造氧气供人们呼吸。

如果不大量地植树造林，那么地球上的氧气，就很难满足人类和各种生物的需求。

植树造林还可以减少噪声。噪声污染对人类的生活、学习、工作、休息等方面都造成了很大的危害。植树造林能使噪声减小四五倍，因此我们更要重视植树造林。

树木是氧气制造厂。1万平方米阔叶林1天可以吸收1吨二氧化碳，释放0.73吨氧气。

树木是粉尘过滤器。当含尘量大的气流通过树林时，随着风速的降低，空气中颗粒较大的粉尘含量会迅速下降。另外，有些树木的表皮长有茸毛或者能够分泌油脂，它们能把粉尘粘在身上，从而使经过树林的气流含尘量大大降低。

树木是杀菌能手。许多树木在生长过程中会分泌出杀菌素，杀死由粉尘带来的各种病原菌。据调查，每立方米空气中的含菌量，百货大楼为400万个，林荫道上为58万个，公园里为100个，而林区只有55个。林区与百货大楼空气中的含菌量相差7万多倍。此外，树木还是天然蓄水库和天然空调。

666.7平方米（1亩）树木的作用：

（1）每天能吸收67千克二氧化碳，放出49千克氧气。

（2）一个夏季可蒸发42吨水，一年可达300~500吨。

（3）一年可吸收各种灰尘22~60吨。

（4）一个月可吸收有毒气体4千克。

（5）666.7平方米（1亩）松柏林一昼夜能分泌出2千克杀菌素，可杀死肺结核、伤寒、痢疾等病菌。

（6）666.7平方米（1亩）有林地比666.7平方米（1亩）无林地多蓄水20吨。

（7）666.7平方米（1亩）防风林可保护6666多平方米（100多亩）农田免受风灾。

（8）每年除提供1立方米木材之外，不同树种还可分别提供工业原料、燃料、肥料、果品等。

活动三　花儿好看我不摘

一、活动主题：花儿好看我不摘（适合年龄：3~6岁）

二、活动目标：知道幼儿园、小区、公园里的花很美，是给大家欣赏的，每个人都要爱护花朵；通过了解花朵成长的过程和在生活中的作用，懂得花可以给人们带来美的感受和其他益处；能做到不采摘花朵，保护花朵，产生热爱和亲近大自然的情感。

三、活动过程

（1）教师带幼儿欣赏幼儿园内夏天的花朵，引起幼儿对花的喜爱。教师提问：这些花好看吗？你喜欢这些花吗？为什么？

（2）参观小区、公园、景点里的花，引导幼儿注意安全的同时，欣赏各景点内不同种类的花，给幼儿讲解各种花的名字，请幼儿闻一闻各种花的香味。讨论：这些花是谁种的？为什么种这些花？这么好看的花，我们摘一朵行不行？

（3）讨论：你喜欢花吗？为什么喜欢呢？我们一起来种美丽的小花好不好？教师带幼儿一起播种花的种子。

（4）引导幼儿关注小花的成长：美丽的小花是从一颗小小的种子慢慢成长而来的，要想让花儿早些开放，我们每天还要做些什么？引导幼儿给小花浇水，并记录小花成长的过程。

（5）每朵美丽的花都有它的花期，我们在喜欢花的同时更要爱护花。教师带幼儿朗诵儿歌——《花儿好看我不摘》，激发幼儿爱护花儿的情感。

（6）花除了可以供欣赏以外，还可以用来做什么呢？引导幼儿说出花可以用来泡茶，可以食用，可以直接入药，可以提炼应用于食品、化妆品、药品、香水等（如桂花糕、玫瑰精油、金银花），也可以作为礼物，表达爱慕、安慰、悼念等情感。

（7）允许幼儿将小花带回家照顾、养护，作为家园互动内容，从而培养幼儿的爱心和责任心。

图 4-14 教师带领幼儿到公园观察樱花　　图 4-15 教师带领幼儿在幼儿园观察芍药花

四、教学资源

儿歌

花儿好看我不摘

公园里，花儿开，红的红，白的白。
花儿好看我不摘，大家都说我真乖。

活动四　神奇的"天气预报员"

一、活动主题：神奇的"天气预报员"（适合年龄：5~6岁）

二、活动目标：了解小蚂蚁、燕子等在下雨前的特殊表现，知道包括昆虫在内的动物可以预报天气；知道它们是人类的好朋友，要与它们友好相处，并初步产生保护昆虫和其他动物的意识。

三、活动过程

（1）通过观察，对小蚂蚁搬家这一现象产生兴趣，知道昆虫可以预报天气。教师带领幼儿观察蚂蚁搬家的过程，并提问：小蚂蚁在干什么？它们要去哪儿？它们为什么要这样做呢？

教师小结：蚂蚁搬家预示着要下雨了，因为处在低洼地带的蚁巢，在暴雨中是危险的，会被雨水淹没。蚂蚁搬家，能提醒人们注意防雨。

（2）通过儿歌了解动物预报天气的特点，观看多媒体课件，说说它们是怎样预报天气的。

①燕子低飞要下雨，蜻蜓低飞要下雨。

总结：空气潮湿，燕子和蜻蜓的翅膀因潮湿变重，所以飞得低。

②鸡不进窝要下雨，蛇在路上要下雨，鱼儿跳水要下雨。

总结：雷雨前空气很闷热，家里更闷，所以小动物们要到外面喘口气。

③乌龟出汗要下雨。

总结：雷雨前空气很潮湿，空气中的水汽碰到乌龟背，因它的背冷冷、硬硬的，不吸收水汽，所以就像出汗了。

④蚂蚁搬家要下雨。

总结：雷雨又大又猛，会把蚂蚁的家冲坏和淹没，所以雷雨以前，蚂蚁要把家搬到高的地方。

师生一起用儿歌的方式回顾上述经验：燕子低飞要下雨，蛇在路上要下雨……

（3）能关注天气的变化，尝试用多种方法记录天气变化情况，了解天气变化与人们生活的关系，学会根据天气变化携带雨具、增添衣物等。

（4）班级设置小小天气预报员，每日关注并播报天气。

（5）讨论：怎样保护动物？结合实际生活，让幼儿通过社会实践能主动爱护动物，不伤害动物。动物与人类的关系是怎样的？通过集体商讨、小组讨论、个别提问等多种形式让幼儿间接获取信息。

图 4-16　鱼跃水面要下雨　　　　　图 4-17　蚂蚁搬家要下雨

四、教学资源

（1）天气图形符号。

（2）动物天气预报儿歌

　　　　大雨快要来临啦，动物抢着把信报。
　　　　蚂蚁忙着去搬家，鱼儿戏水吐泡泡。
　　　　蜻蜓低飞碰脸颊，鹁鸪声音拖长叫。
　　　　蛤蟆白天离洞穴，燕子低飞蛇过道。
　　　　下雨之前细观察，天气变化早知道。

秋季

活动一　秋天的落叶

一、活动主题：秋天的落叶（适合年龄：3~6 岁）

二、活动目标：感受秋天落叶的美好；喜欢观察落叶，感知树叶的多样性；乐于参与落叶创意玩法，体验落叶带给大家的乐趣；了解落叶与根的关系；从内心热爱秋天，愿意亲近自然，保护自然。

三、活动过程

（1）户外实践"感受秋天，寻找落叶"。

①教师带领幼儿来到树林中，感受秋天，观察初秋的景象。在这个过程中教师引导幼儿观察树叶的变化。教师提问：你们看到了什么？小树叶怎么了？为什么会出现这样的问题？引导幼儿主动思考，尝试让幼儿在环境中寻找答案，并带领幼儿捡拾落叶。

②分享交流：幼儿将落叶进行分类，与同伴分享各种落叶，观察不同落叶的形状、颜色等。

（2）操作实践"落叶跳舞"。

①幼儿在与同伴分享、观察落叶的过程中，教师提问：你的叶子是什么形状的？像什么？叶子上有什么？叶脉像什么？激发幼儿观察落叶表面结构的兴趣，比如认知叶脉。

②教师通过讲述《落叶跳舞》，激发幼儿创作落叶画的兴趣。教师适时引导幼儿根据自己的想象进行落叶拓印、创意落叶拼摆画、制作落叶标本等。

（3）游戏"与落叶共舞"。

①教师倡导家长周末带幼儿到户外捡拾落叶，让幼儿认知更多种类的落叶，感受树林中景色的变化。家长与幼儿齐动手收集更多的落叶，带到幼儿园与大家分享交流。

②教师将所有幼儿带来的落叶充分晾晒，全部集合到户外场地，教师与幼儿进行"与落叶共舞"游戏，感受落叶满园的景色，让幼儿更加喜爱落叶，喜欢秋天。

（4）回归自然——"化作春泥更护花"。

①讨论：你们认为落叶还可以做什么？通过集体商讨、小组讨论等形式，幼儿自行研讨出让落叶回归自然的结论。

②师幼齐动手，采用各种方式将落叶运回树林中，感受让落叶回归自然成为肥料的喜悦心情。

（5）欣赏秋天落叶之美，亲子拍摄秋天景物，激发幼儿对大自然的热爱。

图 4-18 幼儿在制作树叶粘贴画　　　　图 4-19 幼儿在玩树叶游戏

四、教学资源

落叶的原因

叶子经过一定时期的生理活动，细胞积累大量的代谢产物，特别是一些矿物质的积累，引起叶细胞功能衰退，渐次衰老，终至死亡。

植物体内存在着一种叫"脱落酸"的植物激素能刺激离层的形成。随着秋天的来临，日照时间缩短，气温降低，脱落酸大量生成，并很快转移到植物的有关部位，促使叶柄离层产生，使叶子脱落。

因此，落叶是树木的一种正常的生理现象，也是树木对低温、干旱等不良气候条件的一种适应。秋天落叶后，树木便进入冬眠，使自己安全度过寒冷的冬季。

活动二　好吃的种子

一、活动主题：好吃的种子（适合年龄：5~6岁）

二、活动目标：了解种子的多种用途，懂得爱惜粮食，喜爱大自然，产生探索大自然的兴趣；发展观察、分析能力以及动手操作能力。

三、活动过程

（1）多种途径了解植物由种子到幼苗的生长过程

①通过课件了解种子发芽、生长需要哪些条件，如阳光、空气、水等。

②欣赏绘本《一粒种子的旅行》，了解种子的传播方式有哪些。

③请幼儿选择自己喜欢的种子进行播种，观察种子从发芽到幼苗的特点。教师引导：种子生长过程中的形状、大小、颜色都发生了哪些变化？引导幼儿用图画或文字等方式将植物的生长过程记录下来。

（2）多途径认识各种各样的种子

①进行"收获的季节"主题活动，认识各种农作物的种子。和孩子们一起到幼儿园种植区掰玉米、收谷子，感受秋天丰收的喜悦。

②家园互动，请家长和幼儿一起收集各种农作物的种子，布置"丰收的秋天"主题展示墙。通过组织幼儿观察、谈话，让他们认识秋天各种各样的种子。

（3）组织幼儿观察、谈话，了解种子的多种用途

①请幼儿说一说生活中有哪些种子可以吃，像粮食谷物中可以吃的有花生、栗子、大豆等。

②请幼儿品尝各种种子，说一说不同种子的味道。讨论：是否所有的种子都能吃？可以怎么吃？如：谷子的种子是小米，可以熬粥；大豆的种子可以榨油等。

③不同的种子对人类的益处有哪些？平时吃的食物里你知道的种子有哪些？食用这些种子后对人体有什么好处？

④欣赏制作种子粘贴画。种子的大小、形状、颜色因种类不同而异，例如豆类种子有黑、红、绿、黄、白等多种颜色，可以根据种子不同的颜色、大小、形状制作种子粘贴画。

（4）"爱惜粮食"专题教育活动

①结合《悯农》这首古诗，讲解古诗大意，让孩子们知道粮食是农民伯伯辛苦种出来的，得之不易。

②和孩子们一起探讨为什么要爱惜粮食。

通过和幼儿一起了解粮食的生产和制作过程（播种、浇水、施肥、除草、灭虫、收获、系列食品加工），教育孩子进一步理解"谁知盘中餐，粒粒皆辛苦"的含义。

图 4-20 播种

图 4-21 幼儿体验收获的快乐

四、教学资源

（1）种子与人类的关系

①花生：花生有助于延年益寿，所以民间又称之为"长生果"。花生的营养价值比粮食类高，可与鸡蛋、牛奶、肉类等一些动物性食物媲美。它含有大量的蛋白质和脂肪，特别是不饱和脂肪酸的含量很高，很适合制造各种营养食品。

②豆类：豆类蛋白质含量高、质量好，其营养价值接近于动物性蛋白质，是最好的植物蛋白。豆类含糖量以蚕豆、赤豆、绿豆、豌豆含量较高。豆类富含钙、磷、铁、钾、镁等，是膳食中难得的高钾、高镁、低钠食品。

③油菜籽：菜籽油就是我们俗称的"菜油"，是用油菜籽榨出来的一种食用油。它是我国主要的食用油之一。

④花椒籽：花椒籽可以加工出花椒籽油，花椒籽油可作为食用油或工业用油，含钾量高，并含有各种氨基酸。经常食用花椒油可以保护牙齿、提高视力等。

图 4-22 种子

（2）种子的传播方式

①风力传播：蒲公英张开"降落伞"，随着风儿飘个不停。一旦找到合适的地方，它就在那里生根。无花果的种子虽然很重，但它的外形像直升机的螺旋桨，可以在风中旋转，飞得很远。

②人和动物传播：有的种子成熟了，蚂蚁会来搬运；有的种子靠鸟传播，鸟粪里常有幼苗诞生；有的种子长着钩、刺，能挂在人和动物的身上去"旅行"。

③弹力传播：凤仙花和夹竹桃的种子靠自身弹力传播，当种子荚成熟时，只要轻轻一碰，种子就会弹出去。

（3）爱惜粮食的古诗、故事

①古诗

悯农

唐·李绅

锄禾日当午，汗滴禾下土。

谁知盘中餐，粒粒皆辛苦。

古诗大意：在夏天的中午，农民伯伯顶着火辣辣的太阳，在田里给禾苗除草、松土。他们累得满头大汗，一滴滴汗水滴落在泥土里。可是，有谁知道这碗里的米饭，每一粒都是农民伯伯辛苦劳动种出来的呢！

②童话故事：

挑食

从前，有一只小鸡非常挑食，每一餐总是挑三拣四，也不珍惜粮食，洒得满桌子都是。一天早晨，鸡妈妈做好饭让小鸡吃，小鸡在吃饭时东张西望，又把饭菜洒了。妈妈说："这样多浪费粮食呀！"可是小鸡没当回事儿，还是洒饭粒。

吃过饭，鸡妈妈对小鸡说："宝贝，我要带你去一个地方。"鸡妈妈带小鸡离开了家，小鸡走在妈妈身后问："妈妈，我们要去哪里呀？"妈妈说："我带你到一个地方看看。"

妈妈带小鸡来到田野，小鸡看到农民伯伯在辛苦地种地，太阳火辣辣地照着，农民伯伯的汗水都滴到了泥土里。小鸡想：农民伯伯种地真辛苦，原来粮食来得这么不容易啊！我天天吃饭洒饭粒，真是太不应该了。

再吃饭时，小鸡就不再洒饭粒啦！每次妈妈盛的饭菜，小鸡都能吃得干干净净。不久小鸡长高了，也长胖了，鸡妈妈真高兴！

活动三　常绿树和落叶树

一、活动主题：常绿树和落叶树（适合年龄：5~6岁）

二、活动目标：巩固对几种常见树木的认识，了解落叶树和常绿树的概念和特征；区分几种常见的常绿树和落叶树；通过比较将常绿树与落叶树进行分类，发展观察与比较的概括能力。

三、活动过程

（1）经验导入，引导幼儿说出平时生活中在哪里看到过树，认识哪种树，说出它们的名字。我们周围有很多树，比如幼儿园门口的梧桐树，梧桐树在夏天枝繁叶茂，冬天是怎样的？巩固幼儿已有知识经验，同时运用已有经验进行新的探索。

（2）故事欣赏《落叶树与常绿树的故事》，知道落叶树和常绿树的特征。

教师小结：落叶树的树叶到了秋天变黄变枯，从树上落下来。它的叶子薄、软、枯黄、蜡质薄，叶面毛糙，上面有很多小气孔，容易散发水分，落叶可以使大树保持水分。常绿树的叶子很厚，叶面光滑，还有蜡质包着，水分不容易蒸发，不需要落叶过冬；但常绿树也是要落叶的，只是要等新叶长出，老叶才一批批换掉，所以看上去是一年四季常青的。

（3）幼儿介绍自己收集的树叶，激发幼儿的探索兴趣，用比较观察的方法将常绿树叶和落叶树叶进行分类和概括。

①介绍自己带来的树叶名称。

②幼儿将常绿树叶和落叶树叶分类摆放。

③幼儿观察、比较常绿树叶和落叶树叶有什么共同点，了解几种常见的常绿树和落叶树。

教师小结： 常绿树的叶子很厚，叶面光滑，还有蜡质包着；落叶树的叶子薄、软、枯黄、蜡质薄，叶面毛糙。

④欣赏常绿树和落叶树图片，了解它们在一年四季中的变化，巩固对常绿树和落叶树的认识。

⑤寻找身边的常绿树和落叶树。

找一找：引导幼儿有意识观察周围的树，让孩子找找幼儿园、小区和马路边的落叶树及常绿树，知道它们的名字，一起分享观察结果。

（4）讨论：你认为树木有什么作用？

①树木可以保持生态平衡，因为树木可以通过光合作用，吸入二氧化碳，呼出氧气，所以就可以让空气变得更加新鲜、清洁。

②树能防风固沙，可以吸入大量粉尘等。

（5）讨论：怎样保护树木？

①不乱砍伐树木，乱砍滥伐会造成水土大量流失等。

②冬天，可以用绳子围住树干，让树干取暖，让它远离冷风的袭击，从而避免裂开。

③不乱摘树叶、不在树上荡秋千等。

图 4-23 老师带领幼儿去寻找雪中的常绿树　　图 4-24 孩子们在玩落叶

四、教学资源

（1）故事

落叶树与常绿树

秋天来了，梧桐树妈妈悄悄地给她的树叶孩子换上了黄色的衣服。有一天，一阵风吹来，梧桐叶子离开树妈妈的怀抱，忽悠忽悠地飘到了地上。

它在地面上见到了枫树、柳树、水杉等树的叶子，它们都是刚离开树妈妈飞到地上的。几个伙伴你看看我，我看看你，原来它们以前都穿着绿衣裳，而现在都不约而同地换上了红衣裳、黄衣裳，真漂亮！

梧桐叶子说："咱们一起到那里去玩玩好吗？"这时，正好刮来一阵风，把它们吹到了一棵大树跟前。大家抬头一看，原来是广玉兰，它们齐声说："广玉兰姐姐，你快下来跟我们一起去玩吧。"广玉兰树叶说："不行啊，我不能离开妈妈。"梧桐叶子觉得奇怪："听妈妈说，我们每年这个时候都要落到地面上，这样树妈妈才能度过寒冷的冬天，为什么你不离开大树妈妈呀？"其他几个伙伴也弄不明白，它们决定去问问那边的松树公公。

一阵风把它们带到松树下，大家七嘴八舌地提出了问题。松树公公笑呵呵地说："广玉兰和你们不一样，她是常绿树，你们是落叶树。落叶树的叶子宽大，叶面毛糙，上面有很多小气孔，容易散发水分，落叶可以使大树保持水分。"听到这里，水杉轻轻地问："松树公公，您也是常绿树吗？"松树公公说："是的，你们瞧，我的树叶像针，上面气孔少，水分不容易蒸发，也用不着落叶。你们看，那边的柏树、冬青、桂花树、珊瑚树等都是常绿树。其实，常绿树也是要落叶的，只是我们要等新叶长出，老叶才一批批换掉，所以看上去是一年四季常青的。"

一阵风吹来，落叶们告别了松树公公，向远处飘去。一路上它们见到了许多常绿树和落叶树。最后玩累了，它们就在泥土里睡起觉来，等到明年春天，就变成肥料，帮助树妈妈长出绿绿的新叶来。

（2）植物百科：常绿树与落叶树

常绿树：是指春、夏季时，新叶发芽后老叶才逐渐脱落，终年常绿的树种。它与落叶树的不同点在于秋、冬季会多数或全数落叶。常绿树在四季都有落叶，但同时它们也会再长新叶。有些松、柏科的叶子在老了、枯黄后会留在干上，不会落下（如杉木）。

落叶树：是指寒冷或干旱季节到来时，叶子同时枯死脱落的树种。一般绝大多数的落叶树都处于温带气候条件下，夏天繁茂，冬天落叶，因此可与夏绿作同义使用。当然落叶树也包括热带、亚热带旱季落叶的树木。另外落叶树枯死的叶子也不一定都脱落，也有的树木带着枯叶越冬。

图 4-25 常绿树　　　　　　　　　图 4-26 落叶树

活动四　美丽的菊花

一、活动主题：美丽的菊花（适合年龄：3~6 岁）

二、活动目标：认识秋天的菊花，了解菊花的外形特征，能用自己喜欢的创作方式表达菊花的美；了解菊花的食用与药用价值，对菊花有较完整的了解，萌发喜爱菊花的情感；通过自主探究，了解菊花的生长环境，产生热爱与亲近大自然的情感。

三、活动过程

（1）户外实践，观察菊花的外形特征

①参观"生态小花园"。活动前搜集各个品种的菊花，创设一个开满菊花的"生态小花园"。教师带领幼儿参观并提问：它们分别是什么颜色、什么形状？它们生长在哪里？闻一闻这些花是什么味道？引导幼儿初步了解菊花。

②分享交流：幼儿进行自主观察，并轮流当讲解员，与同伴分享自己观察的成果，在与同伴的交流和观察中进行初步的经验积累。

（2）观看多媒体课件，认识不同品种的菊花

①教师将多品种的菊花照片制作成课件，请幼儿观察，并进行适当的提问：这些都是什么花？它们有什么不一样？它们的花瓣是什么样子？它们的叶子是什么样子？引导幼儿了解不同品种的菊花存在外形上的差异。

②讨论：幼儿以集体讨论与分组讨论相结合的方式，探究与总结菊花的颜色、形状等信息。

（3）探究适宜菊花的生长条件

①经验积累。教师给幼儿讲故事《小种子成长记》，教师与幼儿讨论总结植物生长所需要的条件。

②假设与猜想。教师引导幼儿进行假设与猜想：菊花喜欢什么样的生长环境？它们喜欢阳光照射还是阴凉处？它们喜欢水多一些还是水少一些？

③对比试验。教师找四盆品种相同、长势良好的菊花，分成两个组。A组分别放置在阳光下和阴凉处，B组分别为每天浇水和每隔三天浇水，其余条件相同。与幼儿进行跟踪观察，实时用绘画的形式记录菊花的长势。

④总结：采用个体发言与集体讨论的形式，与幼儿总结菊花适宜的生长条件。

（4）创作与表达：《美丽的菊花》

①引导幼儿观察菊花的花茎、花瓣、花蕊，为制作《美丽的菊花》奠定基础。

②准备一次性塑料纸杯、油画棒、剪刀、水彩笔、刮画纸、太空泥等材料供幼儿选择，幼儿自由进行菊花创作。

③作品评比与展览，请幼儿说一说自己的画。

（5）探究菊花的作用

①教师给每位幼儿泡一杯菊花茶，请他们品尝。

②交流：幼儿分组讨论，探讨菊花的其他作用。

四、教学资源

（1）菊花的形状与颜色

图4-27 幼儿园里美丽的菊花

菊花，多年生菊科草本植物，其花瓣呈舌状或筒状，有单瓣、重瓣；扁形、球形；

长絮、短絮，平絮和卷絮；空心和实心；挺直的和下垂的。大多呈扁球形、不规则球形。菊花的颜色多种多样，有白色、粉红、黄色、嫩绿、紫色、橙色等，是经长期人工选择培育的名贵观赏花卉，也称"艺菊"，品种达三千余种。菊花是中国十大名花之一，在中国有三千多年的栽培历史，中国菊花传入欧洲，约在明末清初。中国人极爱菊花，从宋朝起民间就有一年一度的菊花盛会。古神话传说中，菊花又被赋予了吉祥、长寿的含义。中国历代诗人画家，以菊花为题材吟诗作画者众多，给人们留下了许多名谱佳作，流传久远。

（2）菊花的功效与利用

药用价值：菊花，味辛，甘，苦；性微寒。归肺、肝经。散风清热，平肝明目。用于风热感冒、头痛眩晕、目赤肿痛、眼目昏花。

食用价值：秋季花开时采收，烘干或蒸、晒干用，亦可用鲜品。菊花不仅有观赏价值，而且药食兼优，有良好的保健功效。

菊花酒：由菊花加糯米、酒曲酿制而成，古称"长寿酒"，其味清凉甜美，有养肝、明目、健脑、延缓衰老等功效。

菊花粥：将菊花与粳米同煮制粥，濡糯清爽，能清心、除烦、悦目、去燥。

菊花茶：用菊花泡茶，气味芳香，可消暑、生津、祛风、润喉、养目、解酒。

菊花糕：把菊花拌在米浆里，蒸制成糕，或用绿豆粉与菊花制糕，具有清凉去火的食疗效果。

菊花肴：由菊花与猪肉、蛇肉炒或与鱼肉、鸡肉煮食的菊花肉片，荤中有素，补而不腻，清心爽口，可用于头晕目眩、风热上扰之症的治疗。

菊花枕：将菊花瓣阴干，收入枕中，对高血压、头晕、失眠、目赤有较好疗效。

冬季

活动一　小动物怎样过冬

一、活动主题：小动物怎样过冬（适合年龄：5~6岁）

二、活动目标：了解一些小动物过冬的不同方式，对动物过冬产生兴趣；知道动物是人类的好朋友，懂得关心小动物，萌发关爱动物的美好情感。

三、活动过程

（1）分享交流：幼儿根据自己所知道的知识向同伴介绍小动物的过冬方式。

（2）倾听故事：提问——故事中有哪些小动物？它们是怎样度过寒冷的冬天的？

还有哪些动物的过冬方式和它们一样？通过集体商讨、小组讨论、个别提问等多种形式让幼儿间接获取信息。

（3）观看多媒体课件，了解多种动物的过冬方式，萌发关爱动物的美好感情。引导幼儿总结动物过冬的几种不同方式，提出问题，进行讨论：

①小燕子是怎么过冬的？为什么要这样过冬？这种过冬方式叫什么名字？还有哪些小动物和燕子一样也是迁徙过冬的？（大雁、天鹅等。）

②冬眠过冬的动物有哪些？（蛇、青蛙、乌龟等。）

③加厚皮毛过冬的动物有哪些？（兔子、鹿、狐狸、麻雀、乌鸦等。）

④还有什么样的过冬方式？都有哪些动物是用这种方式过冬的？（让卵过冬和储存食物过冬，如：螳螂、蝗虫等是让卵过冬；松鼠、蜜蜂、蚂蚁是储存食物过冬。）

⑤蚊子、苍蝇是怎样过冬的？（躲在安全的地方。）

（4）了解动物与季节的关系，培养幼儿爱护动物的情感。

①提问：小动物如果不想办法过冬，它们会怎么样？

教师小结： 在寒冷的冬天，小动物为了适应季节的变化，为了不被冻死、饿死，就找到不同的适合自己的方式过冬。

②帮助小动物过冬。引导幼儿将自己手中的动物图片送到布置好的背景图中，并贴在相应的过冬方式一栏。鼓励幼儿互相检查，小动物被送到的位置是否正确。

③小组讨论：你会怎样保护冬天的小动物呢？在平时我们应该怎样保护小动物呢？（如冬季不将动物储存的食物丢掉、不破坏动物的卵、不将冬眠的动物强制叫醒等。）

教师小结： 小动物是人类的朋友，我们应该更加保护它们。

（5）绘画创作。通过绘画《我的动物朋友》，提高幼儿爱护动物的意识。

图 4-28 青蛙冬眠

图 4-29 储存食物过冬的动物

四、教学资源

动物怎样过冬

冬季对于动物来说是一个很危险的季节。一方面，天气太冷，动物容易被冻死；另一方面动物不容易找到吃的东西。那么动物都有哪些过冬办法呢？

第一种办法是冬眠，例如蛇、青蛙、乌龟等。它们冬天躲在自己的洞里睡大觉，一直躲到春天才醒来。在这么长的时间里它们不吃不喝也不动，靠缓慢地消耗身体里的脂肪度过寒冷的冬天。狗熊冬天也在睡觉，可稍有响声就会醒来，肚子饿了也会出来找东西吃，这叫"假冬眠"或"半冬眠"。

第二种办法是迁徙，例如大雁、燕子等。它们飞到南方，一方面是因为那里温暖，另一方面是在那里能找到食物，这都是有利于它们生存的。

第三种办法是加厚自己身上的皮毛或者羽毛，比如兔子、鹿、狐狸、麻雀、乌鸦等。冬天它们身上的皮毛或羽毛比夏天要厚得多，至于吃的东西它们也不用发愁，即在夏天和秋天尽量多吃东西，吃得胖胖的，到冬天找不到吃的东西饿几天也没问题。

第四种办法是储存食物，例如松鼠、蜜蜂、蚂蚁等。秋季时它们在自己家里储存大量食物，到冬天就不用出来了。

第五种办法是让卵过冬，例如螳螂、蝗虫等。秋季时它们产卵，让卵在树枝上、草丛里、泥土里度过冬天，这些卵的外边有特殊的卵袋保护着，不怕寒冷；等到春天来临时，它们的幼虫就会爬出来，快乐地到处去玩了。

当然，还有些动物是躲在安全的地方过冬，例如苍蝇和蚊子飞进人们暖和的屋里过冬。它们是害虫，所以，在家里看到它们，要赶快消灭掉。

活动二 植物怎样过冬

一、**活动主题**：植物怎样过冬（适合年龄：5~6岁）

二、**活动目标**：了解植物的过冬方式，感知植物与季节变化的关系；通过观察，进一步感知各种植物在冬季的不同状态；萌发爱护植物的情感。

三、**活动过程**

（1）观察

老师带领幼儿寻找幼儿园里的各种植物，说出它们的名字。让幼儿仔细观察并讲述自己的发现和疑问。老师做简单提示：天气变冷了，幼儿园里的植物发生了怎样的变化呢？用小手摸一摸这些冬青的叶子是什么感觉？

教师小结：小草变黄、大树落叶这些变化是生命体的特征之一，它们并没有因此失去生命，而是在酝酿和积蓄能量，在春天到来的时候呈现崭新的姿态。

（2）集体教育活动——根据幼儿发现问题的顺序进行答疑解惑

①绿绿的草坪变成了黄色，想一想，小草还会再变绿吗？为什么呢？虽然小草干枯了，可是躲在土里的草根却能耐住严寒，依靠储存的养分维持生命。等到明年春天天气变暖的时候，根就会生长发芽，长出新的小草来。这种过冬方式叫"留根"。

②葱郁荫翳的大树只剩下了光秃秃的枝干。树叶凋落对树木过冬有什么帮助呢？原来树叶长在树上会带走大树妈妈身上很多的水分和养分。冬天天气寒冷干燥，大树妈妈因缺少足够的水和营养，就采取"舍末保本"的方法，丢掉树叶，以便安然过冬。我们仔细瞧瞧，光秃秃的树枝上虽然没有了绿油油的树叶，可是却有一些奇怪的小芽苞，猜一猜到了明年春天，它们会变成什么？这些小芽苞叫作"冬芽"，大树妈妈给冬芽穿上像鳞片一样的厚厚的外衣，它们一点也不怕冷。等到明年春天，它们就会发芽，长成绿油油的树叶了。这种过冬方式叫"留芽"。

③天气这么冷，也会有不怕冷的树。它们为什么会有这么大的本领呢？仔细观察，松树的叶子是针形的，这样的树叶不会带走水分和养分。冬青的树叶摸起来就像小朋友抹的护手霜，使冬青可以自我保护，一点也不怕冬天。这种过冬方式叫"分泌蜡质"。

④像小麦和大蒜，它们的幼苗抗寒御冻的能力比较强，可以让自己安全度过整个冬季。这种过冬方式叫"幼苗过冬"。

⑤还有大家都熟悉的大豆，在秋天的时候我们收获了大豆种子，它的枝叶会枯死，但是它的种子在来年春天会长出新的植物。这种过冬方式叫"靠种子过冬"。

（3）探究帮助植物过冬的方法

小组讨论：在这个寒冷的冬天里，小朋友们要学会保护枯萎的小草、落叶的树木，因为它们的生命还在继续。小朋友们想一想：我们还可以用哪些方法帮助植物过冬呢？

教师小结：在树上涂石灰、扎干草、围草绳、给幼苗盖叶子、把怕冷的植物搬到室内或温室内等。

（4）实践活动

幼儿园的院子里有很多的种植区域。收获的季节里，它们曾带给我们无限的快乐。冬天到了，我们也应该帮助它们度过一个温暖的冬天。如：给大蒜盖树叶、给天人菊扣地膜、为树干涂石灰等。

四、教学资源

植物过冬的方式

落叶植物在快到冬天时,聚积了大量养分,在秋天时落叶,树木失去蒸腾作用,减少体内热量和水分的散发,从而可以安全过冬。

常青绿树采取"穿甲戴盔"的方法傲雪抗严寒。例如松树、柏树在其树皮和叶表面分泌出一层蜡质,既可御寒,又可防止自身水分蒸发;其他如椿树、杏树、槐树等则分泌出胶质物以御寒防冻。而一些根茎叶植物,如韭菜、莲藕等,则采取"两条战线"与严寒抗争,一方面结籽传宗,另一方面毫不留情地"丢叶图存",第二年再发芽生长。有的植物通过体内糖化酶的作用,把蛋白质和淀粉转化为糖并溶于水,从而增加植物细胞液的浓度,使细胞组织不易结冰,这样就大大增强了其抗寒御冻的能力,所以它们能够安全过冬。

活动三　空气污染害处大

一、活动主题:空气污染害处大(适合年龄:5~6岁)

二、活动目标:知道空气污染的危害,学会保护环境的方法;了解空气对人类、动物、植物的重要性,争做环保小卫士。

三、活动过程

(1)谜语导入:有个朋友很神秘,无色无味也无形。时刻和它在一起,生命没它就不行。

①引导幼儿说一说为什么"生命没它就不行"?

②亲身感受:用手捂住鼻子,屏住呼吸,请幼儿说一说有什么感觉。

③讨论:如果没有了空气会怎样?

(2)找空气:老师带领幼儿到户外用塑料袋、气球等工具寻找空气,引导幼儿将袋子里装满空气后,观察空气的特征。

教师小结:空气是无色无味的,我们的身边到处都是空气,除了我们人类,地球上还有许多动物、植物需要呼吸空气。

(3)欣赏视频:请幼儿仔细观察,说一说——视频中的空气是什么颜色的?空气为什么这样了?人们为什么出门都戴着口罩?人类生活在这样的空气里会怎样?空气污染下的植物是什么样的?

(4)小组讨论:图片中被污染了的空气是怎样造成的?不新鲜的空气对我们有什么危害?结合冬季雾霾天气,教师引导幼儿了解雾霾形成的原因及危害。

（5）师幼互动：人类生存需要蓝天白云，针对雾霾天气，我们应该怎样保护环境、保护自己？怎样保护小动物和植物？怎样让家园更美好？

（6）教师带领幼儿制作保护环境宣传画，利用入离园时间在幼儿园内发放给来园家长，到社区发放给社区人员，倡导大家保护环境，减少雾霾天气的发生。

图 4-30 雾霾天气出行要戴口罩　　　　图 4-31 环保小卫士在发环保宣传资料

四、教学资源

雾霾的定义及应对措施

雾霾，顾名思义就是雾和霾。但是雾和霾的区别很大，空气中由灰尘、硫酸、硝酸等颗粒物组成、造成视觉障碍的气溶胶系统叫"霾"。

应对措施：

（1）避免晨练，减少外出，采用室内锻炼，替代室外锻炼。

（2）外出戴口罩。如果不得不出门，最好戴上防护口罩。出门后进入室内时，要及时洗脸、洗手、漱口、清理鼻腔。

（3）患者坚持服药。呼吸病患者和心脑血管病患者更要坚持按时服药，以免发病。

（4）注意调节情绪。心理脆弱、患有心理障碍的人在这种天气里会感觉心情异常沉重，情绪低落，可以在家看看喜剧或听相声等，要让自己高兴起来。

（5）饮食清淡多喝水，多吃豆腐、雪梨。这样不仅可补充各种维生素和无机盐，还能起到润肺除燥、祛痰止咳、健脾补肾的作用。少吃刺激性食物，多吃些梨、枇杷、橙子、橘子等具有清肺化痰功效的食品。

活动四　神奇的雪

一、**活动主题**：神奇的雪（适合年龄：5~6岁）

二、**活动目标**：了解下雪是冬天的主要特征，在看看、玩玩、做做中感知雪的特点和变化规律；观察雪花的形状，体验玩雪的快乐；欣赏雪景，感受大自然的神奇与美丽。

三、**活动过程**

（1）认识雪。带领幼儿到户外认识雪，感知雪花的特点，通过提问让幼儿更好地了解雪的特点，如雪是什么颜色的？雪是什么形状的？雪从哪里来？会到哪里去？

（2）学习关于雪的儿歌，欣赏雪的故事。

①带领幼儿学唱《小雪花》《雪花飞》《雪花和雨滴》等歌曲，让幼儿理解歌曲的内容，感受歌曲的优美，抒发对雪的赞美之情。

②为幼儿讲述故事《雪孩子》，感知故事中雪孩子可爱、善良、勇敢、乐于助人、舍己救人的正面角色特征，体验其美好的情感，懂得在别人有困难的时候想办法去帮助他们。

③在班级图书馆投放《雪人》《下雪了》等关于雪的绘本，带领幼儿阅读，进一步巩固幼儿对雪的认识和了解。

（3）绘画雪花。教师带领幼儿学习用水粉和棉签，运用短线、点、圈等绘画雪花，并将画好的雪花装饰班级环境。

（4）好玩的雪。下雪天，教师带领幼儿到户外赏雪、玩雪，通过堆雪人、户外滑雪等让幼儿体验下雪天的快乐，拥抱大自然的馈赠，激发幼儿学习的兴趣和对大自然的探索精神。

（5）雪的作用。让幼儿了解雪不仅可以给我们带来快乐、净化空气，而且还能给越冬的小麦盖上御寒的"棉被"，还可以冻死地表层越冬的害虫等。

图 4-32　幼儿在快乐地滑雪

图 4-33　幼儿和雪人快乐地嬉戏

四、教学资源

（1）故事

雪孩子

　　下了一天一夜的雪，房子、树上、地上一片白。

　　兔妈妈要出去找吃的，她堆了一个漂亮的雪孩子，让它和小兔一起玩。看着可爱的雪孩子，小兔真高兴，她和雪孩子又唱又跳，玩得很开心！小兔玩累了，就回家休息。屋子里很冷，她往火里加了一些柴，就上床休息了。

　　火把旁边的柴堆烧着了，小兔睡得正香，一点儿也不知道着火了。雪孩子看见小兔家着火了，就飞快地跑了过去。雪孩子从大火中救出小兔，自己却融化了。它去哪儿了呢？原来雪孩子飞到空中，成了一朵很美很美的云儿……

（2）诗歌

小雪花

　　我是洁白晶莹的小雪花，我从高高的云层轻盈地飘下。

　　我落满高山，高山披上美丽的白纱。

　　我落满屋顶，屋顶铺上一层闪光的银瓦。

　　我落满光秃秃的树枝，树枝盛开梨花。

　　我落满麦田，麦田盖上松软的棉絮。

　　我落满地面，地面铺上洁白的地毯，闪着耀眼的银花花。

　　我是洁白晶莹的小雪花，我从高高的云层飘下。

第二节　二十四节气人文生态德育主题活动

　　二十四节气被称为"中国第五大发明"，是中国人通过观察太阳周年运动，认识一年中时令、气候、物候等方面的变化规律所形成的知识体系。二十四节气蕴含着丰富的文化价值，将它作为幼儿园人文生态德育主题课程，基于儿童的视角、生活经验和认知特点，将传统与自然相结合，在文化传递过程中，让孩子们感受和认知大自然的节奏变化，从中了解丰富多彩的传统生活气息和中国传统智慧。

　　根据二十四节气的更替变化，结合幼儿教育的特点和实际，运用科学的儿童观、教育观，对二十四节气文化予以选择。甄选适宜幼儿发展的二十四节气教育内容，构建二十四节气课程内容，将内容与五大领域（健康、语言、科学、社会、艺术）相互渗透。在回归自然、还原本真的教育活动中，让孩子认识自然，喜欢自然，从而逐渐形成与自然和谐相处、热爱生活、自觉保护大自然的良好素养。

一年有二十四个节气，每六个节气为一个季节。立春、雨水、惊蛰、春分、清明、谷雨为春季节气；立夏、小满、芒种、夏至、小暑、大暑为夏季节气；立秋、处暑、白露、秋分、寒露、霜降为秋季节气；立冬、小雪、大雪、冬至、小寒、大寒为冬季节气。为便于记忆，古人将二十四节气编成了《二十四节气歌》：春雨惊春清谷天，夏满芒夏暑相连。秋处露秋寒霜降，冬雪雪冬小大寒。

二十四节气是华夏祖先创造出来的宝贵科学遗产。要继承和发扬这一优秀传统文化，幼儿园应立足于幼儿的身心发展特点，将节气文化融入幼儿园的课程与活动中，通过观察探究、游戏表演等方式加深幼儿对节气特征的认识，让幼儿品读节气传统文化所蕴含的中国智慧，感受人与自然的和谐之美。

一、立春（春季每年2月3—5日）

（一）针对各年龄段进行课程研讨

按照小、中、大班幼儿年龄特点，教师确定合适的生态德育活动教案，将立春节气活动所需的各种材料准备好。

（二）利用晨诵课程，吟诵立春农谚及古诗词

老师将搜集到的立春谚语及古诗词，与孩子们一起诵读。

立春谚语：①立春一年端，种地早盘算。②要想庄稼好，一年四季早。③一年之计在于春，一生之计在于勤。

立春古诗（适合大班幼儿）：

立春

宋·王镃

泥牛鞭散六街尘，生菜挑来叶叶春。
从此雪消风自软，梅花合让柳条新。

（三）了解立春节气的含义及民俗

老师利用PPT、视频、图片等方式，为幼儿讲述立春节气的含义、民俗及传统

饮食文化,让幼儿欣赏立春节气的各种景象。

(四)主题活动与实践相结合

时至立春,人们明显地感觉到白昼长了,太阳暖了。这时气温、日照、降雨趋于上升或增多。老师带领幼儿去菜园种植应季的蔬菜,比如四月慢、菠菜、芥蓝、生菜、马铃薯、葱、黄瓜、四季豆、茄子、番茄等。师幼亲手播种、灌溉,等待采摘立春节气所种植的各种野菜。

(五)画画识节气,艺术相融合

孩子们通过绘画的形式,将春天的景象展现出来。锻炼幼儿动手能力,让幼儿掌握绘画技巧和要领,培养幼儿热爱春天的情感。

(六)亲子活动——品尝春的味道

家长和孩子一起制作春食,品尝春的味道。咬春,一个"咬"字道出立春的众多食俗——吃春饼、吃春卷、嚼萝卜。春卷用春饼包裹着萝卜丝、豆腐丝,或是立春时节的一些时鲜野菜,卷成圆柱状,再放到油锅里一炸,外焦内香,甚是好吃。

二、雨水(春季每年2月18—20日)

(一)针对各年龄段进行课程研讨

按照小、中、大班幼儿年龄特点,教师确定合适的生态德育活动教案,将雨水节气活动所需的各种材料准备好。

(二)利用晨诵课程,吟诵雨水农谚及古诗词

老师将搜集到的雨水谚语及古诗词,与孩子们一起诵读。

雨水谚语:①春雨贵如油。(让孩子了解雨水节气水的重要性,知道要节约用水。)②雨水到来地解冻,化一层来耙一层。(让幼儿了解在雨水时节要加强树木生长初期的管护。)

雨水古诗(适用于大班):

春夜喜雨

唐·杜甫

好雨知时节,当春乃发生。随风潜入夜,润物细无声。
野径云俱黑,江船火独明。晓看红湿处,花重锦官城。

(三)了解雨水节气的由来及民间习俗

老师利用 PPT、视频、图片等,为孩子们讲述雨水节气的由来、气候特点、各地的民间习俗及传统饮食文化,让幼儿知道雨水节气天气仍然较为寒冷,不能吃过多的寒冷食物或喝凉茶。

(四)主题活动与实践相结合

立春已过,天渐渐趋暖,空气湿润、阳光温和和细雨潇潇的日子正向我们走来。雨水节气,正适合开垦土地,新种植物。小班小朋友利用旧水瓶制作刻度小容器,收集雨水。中班小朋友和老师们一起将种植的菠菜、韭菜等逐一收获。大班小朋友在老师的带领下自己动手开垦土地、除草、翻土、浇水……雨水开荒,开垦的是坚硬的土地,播种的是春天的希望,让孩子们亲身感受自然之灵。

(五)画画识节气,艺术相融合

小班幼儿通过绘画的形式,将雨水节气的景象展现出来。中大班幼儿利用彩色卡纸和海绵纸等材料,制作雨水与云朵手工装饰品,作为室内环境装饰。以此充分锻炼幼儿动手能力,发展幼儿审美表现能力和创造能力。

(六)亲子活动

组织家长和孩子开展自然观察活动,观察刚发芽的茶树等植物在雨水时节的特征,观察下雨前后动物们的特征,观察雨水前后云彩的变化。家长帮助幼儿进行观察记录,培养孩子对自然的认知力和情感。

三、惊蛰(春季每年 3 月 5—6 日)

(一)针对各年龄段进行课程研讨

按照小、中、大班幼儿年龄特点,教师确定合适的生态德育活动教案,将惊蛰节气活动所需的各种材料准备好。

(二)利用晨诵课程,吟诵惊蛰农谚及古诗词

老师将搜集到的惊蛰谚语及古诗词,与孩子们一起诵读。

惊蛰谚语:①惊蛰节到闻雷声,震醒蛰伏越冬虫。(让幼儿了解在惊蛰时节天打雷,惊醒冬眠的动物。)②春雷响,万物长。(让幼儿知道春天打雷预示着要下春雨,春雨润万物,所有植物开始生长。)

惊蛰古诗(适用于中大班):

惊蛰

唐·刘长卿

陌上杨柳方竞春，塘中鲫鲥早成荫。
忽闻天公霹雳声，禽兽虫豸倒乾坤。

（三）了解惊蛰节气的由来及民间习俗

老师利用 PPT、视频、图片等，通过讲绘本故事、看视频、绘画、说儿歌等，为孩子们讲述惊蛰节气的由来、气候特点、各地民间习俗及传统饮食文化，让幼儿了解惊蛰的意义，知道昆虫的成长过程。

（四）主题活动与实践相结合

惊蛰节气是春耕开始的日子。"到了惊蛰节，锄头不停歇"，小朋友们拿起工具给菜地撒种、除草、浇水、施肥等。根据节气食俗指导孩子们自己动手制作"冰糖雪梨"，自己洗，自己切。

（五）画画识节气，艺术相融合

小班幼儿观察惊蛰节气自然的色彩。中、大班幼儿利用彩色折纸等材料，制作立体昆虫——蜻蜓。幼儿在感受做手工的快乐、同伴合作的快乐的同时，体会节气中的人文精神。

（六）亲子活动

组织家长和孩子进行手工制作树叶花朵书签。小朋友们和家长一起在幼儿园采集树叶和花朵，和家长讨论自己的想法，将树叶和花朵在塑封纸上拼出图形。塑封后，家长们用剪刀按照和小朋友交流而决定采用的图形裁剪、打孔。做好后，让幼儿和其他小朋友一起分享、交流。此活动既让孩子体会到创造和成功的欢乐，也让家长体会到与孩子交流的幸福。

四、春分（春季每年3月20—22日）

（一）针对各年龄段进行课程研讨

按照小、中、大班幼儿年龄特点，教师确定合适的生态德育活动教案，将春分节气活动所需的各种材料准备好。

（二）利用晨诵课程，吟诵春分农谚及古诗词

老师将搜集到的春分谚语及古诗词，与孩子们一起诵读。

春分谚语：①春分刮大风，刮到四月中。②节令到春分，栽树要抓紧。（让幼儿认识各种树木。）

春分古诗：

春分七绝·苏醒
南唐·徐铉

春分雨脚落声微，柳岸斜风带客归。
时令北方偏向晚，可知早有绿腰肥。

（三）了解春分节气的含义及民俗

老师利用PPT、视频、图片等，为幼儿讲述春分节气的含义、民俗及传统饮食文化，让幼儿感受到春分节气春管、春耕、春种大忙的景象。

（四）主题活动与实践相结合

教师带领幼儿在园内开展植树活动，通过栽种、松土、浇水等过程，让幼儿了解农民春耕忙的景象，知道春分是一个播种的季节；让幼儿体验种植过程的艰辛，懂得爱护树木、保护森林，懂得人与自然要和谐相处。

（五）画画识节气，艺术相融合

让幼儿利用各类种子粘贴创意作品，锻炼幼儿的动手能力及创造想象能力。

（六）亲子民俗活动

组织家长与孩子开展春分民俗活动，如拔河比赛、竖蛋、制作风筝等，让孩子们沐浴春光，呼吸新鲜空气。

五、清明（春季每年4月4—6日）

（一）针对各年龄段进行课程研讨

按照小、中、大班幼儿年龄特点，教师确定合适的生态德育活动教案，将清明节气活动所需的各种材料准备好。

（二）利用晨诵课程，吟诵清明农谚及古诗词

老师将搜集到的清明谚语及古诗词，与孩子们一起诵读。

清明谚语：①清明前后，种瓜种豆。（让孩子们认识各种瓜果及豆类。）②清明发芽，谷雨采茶。

清明古诗：

清明

唐·杜牧

清明时节雨纷纷，路上行人欲断魂。
借问酒家何处有，牧童遥指杏花村。

（三）了解清明节气的含义及民俗

老师利用 PPT、视频、图片等，为孩子们讲述清明节气的含义、民俗及传统饮食文化，让幼儿知道清明节又叫"踏青节"，是最重要的祭祀节日之一，也是踏青郊游的好时节。

（四）主题活动与实践相结合

北魏贾思勰《齐民要术》中写道："取杨柳枝著户上，百鬼不入家。"在清明节气时组织幼儿一起进行清明插柳活动，让幼儿理解插柳的意义。

（五）亲子活动

家长带领孩子去郊外踏青，发现春天到来时花草、树木以及动物的变化。感受大自然的美景，体验踏青的乐趣，增进幼儿与父母的感情。

六、谷雨（春季每年 4 月 19—21 日）

（一）针对各年龄段进行课程研讨

按照小、中、大班幼儿年龄特点，教师确定合适的生态德育活动教案，将谷雨节气活动所需的各种材料准备好。

（二）利用晨诵课程，吟诵谷雨农谚及古诗词

老师们将搜集到的谷雨谚语及古诗词，与孩子们一起诵读。

谷雨谚语：①谷雨有雨好种棉。（告诉孩子们农民伯伯会根据节气的更替、气候的变化来种植农作物。）②棉花种在谷雨前，开的利索苗儿全。

谷雨古诗（适用于大班）：

谷雨

宋·朱槔

天点纷林际，虚檐写梦中。明朝知谷雨，无策禁花风。
石渚收机巧，烟蓑建事功。越禽牢闭口，吾道寄天公。

（三）了解谷雨节气的含义及民俗

老师利用 PPT、视频、图片等，为孩子们讲述谷雨节气的含义、各地的民俗及传统饮食文化，让幼儿感受谷雨节气忙碌的景象。

（四）主题活动与实践相结合

谷雨节气适合移苗（将室内种植角的植物移到田地里）。教师带领孩子们一起采摘香椿，感受大自然的馈赠。

（五）画画识节气，艺术相融合

小班幼儿制作手工豆类粘贴画；中班的孩子们用自己的小手勾勒出心中的谷雨景色；大班的孩子们进行角色游戏，学着大人的样子，边读书边品"谷雨茶"。

（六）亲子种植园

为了培养孩子们热爱自然、热爱劳动的情感，让孩子和家长亲身参与劳动与种植，了解节气变化的重要性。组织孩子们和家长开展别开生面的"谷雨时节快乐亲子种植"活动，一起除草、施肥、挖土、下种，体验种植的辛苦、食物的来之不易。

七、立夏（夏季每年 5 月 5—6 日）

（一）针对各年龄段进行课程研讨

按照小、中、大班幼儿年龄特点，教师确定合适的生态德育活动教案，将立夏节气活动所需的各种材料准备好。

（二）利用晨诵课程，吟诵立夏农谚及古诗词

老师将搜集到的立夏谚语及古诗词，与孩子们一起诵读。

立夏谚语：①立夏天气凉，麦子收得强。（让孩子们知道立夏是夏天的开始，万物已经长大。）②立夏麦咧嘴，不能缺了水。（让孩子们知道农作物不能缺水，要勤浇灌。）

立夏古诗：

立夏

宋·赵友直

四时天气促相催,一夜薰风带暑来。
陇亩日长蒸翠麦,园林雨过熟黄梅。
莺啼春去愁千缕,蝶恋花残恨几回。
睡起南窗情思倦,闲看槐荫满亭台。

(三)了解立夏节气的含义及民俗

老师利用 PPT、视频、图片等,为孩子们讲述立夏节气的含义,让孩子们知道立夏时节有吃鸡蛋和斗蛋的习俗。

(四)主题活动与实践相结合

老师们围绕"立夏"开展主题活动。活动设置两个环节,第一个环节是请孩子们说说"我所知道的与立夏有关的事";第二个环节是"称孩子"和"斗蛋"。

(五)画画识节气,艺术相融合

孩子们通过绘画的形式,将麦子成熟的景象展现出来。利用现有材料,如橡皮泥等,制作各种手工拓印作品。通过制作手工作品,充分锻炼幼儿动手能力,使其充分掌握随着节气变化植物生长的规律,以及绘画技巧和要领。

(六)亲子活动

家长和孩子们一起体验立夏风俗,一起编织"疰夏绳"。

八、小满(夏季每年 5 月 18—22 日)

(一)针对各年龄段进行课程研讨

按照小、中、大班幼儿年龄特点,教师确定合适的生态德育活动教案,将小满节气活动所需的各种材料准备好。

(二)利用晨诵课程,吟诵小满农谚及古诗词

老师将搜集到的小满谚语及古诗词,与孩子们一起诵读。

小满谚语:①麦到小满日夜黄。(让幼儿了解农作物会根据节气的变化而变化。)②小满十日满地黄。

小满古诗:

五绝·小满
宋·欧阳修

夜莺啼绿柳，皓月醒长空。
最爱垄头麦，迎风笑落红。

（三）了解小满节气的含义及民俗

老师利用 PPT、视频、图片等，为孩子们讲述小满节气的含义、各地的民俗及传统饮食文化，让幼儿感受到小满节气忙碌的景象。

（四）主题活动与实践相结合

苦菜是中国人最早食用的野菜之一，教师带孩子们在园内寻找苦菜并品尝。

（五）画画识节气，艺术相融合

用棉签点画出沉甸甸的麦穗和锋利的麦芒，描绘出小满时节稻麦成熟的景象。

（六）亲子种植园

家长带领幼儿到麦田一起为小麦除虫防病，以增强麦子的长势，同时体验劳作的艰辛。

九、芒种（夏季每年 6 月 5—6 日）

（一）针对各年龄段进行课程研讨

按照小、中、大班幼儿的年龄特点，教师确定合适的生态德育活动教案，将芒种节气活动所需的各种材料准备好。

（二）利用晨诵课程，吟诵芒种农谚及古诗词

老师将搜集到的芒种谚语及古诗词，与孩子们一起诵读。

芒种谚语：①芒种芒种，连收带种。（让孩子们认识芒种时节收获之物，如小麦、蚕豆、豌豆，播种之物，如玉米、谷子、稻子。）②麦收有五忙：割、拉、打、晒、藏。

芒种古诗（适用于大班）：

芒种
现代·吴藕汀

熟梅天气豆生蛾，一见榴花感慨多。
芒种积阴凝雨润，菖蒲修剪莫蹉跎。

（三）了解芒种节气的含义及民俗

老师利用 PPT、视频、图片等，为孩子们讲述芒种节气的含义、各地民俗及传统饮食文化，让幼儿感受到芒种节气忙碌的景象。

（四）主题活动与实践相结合

开辟出一块麦田，在芒种时节进行抢收（体验丰收的喜悦）—脱粒（满足孩子们的好奇心和探索欲望）—磨面（认真观察脱粒后的麦粒，与大米进行比对。将麦子压碎磨面，知道面粉的由来），让幼儿在收获中体验最自然的生活。

（五）画画识节气，艺术相融合

孩子们通过绘画的形式，将麦子成熟的景象展现出来；利用现有材料，用麦秆制作各种手工粘贴作品。通过制作手工作品，充分锻炼幼儿动手能力，让幼儿掌握麦粒的粘贴、绘画技巧和要领。

（六）亲子种植园

家长与孩子一起种植玉米，体验劳动的艰辛，获得亲近自然的美好享受。

十、夏至（夏季每年 6 月 21—22 日）

（一）针对各年龄段进行课程研讨

按照小、中、大班幼儿年龄特点，教师确定合适的生态德育活动教案，将夏至节气活动所需的各种材料准备好。

（二）利用晨诵课程，吟诵夏至农谚及古诗词

老师将搜集到的夏至谚语及古诗词，与孩子们一起诵读。

夏至谚语：①冬至饺子夏至面。（炎热的夏天来到，从夏至开始改变饮食。）②芒种不下雨，夏至十八河。（夏至雨水较多，带领幼儿观察水的变化。）

夏至古诗（适用于大班）：

夏至

唐·刘长卿

夜半惊岚偃旗旌，朝闻远鸦方初醒。
狸奴几下偷翻书，何时听得螗蜩鸣？

（三）了解夏至节气的含义及气候特点

老师利用 PPT、视频、图片等，为孩子们讲述夏至节气的由来、气候特点，让孩子们知道夏至天气炎热，暴雨多发，同时学习避暑的方法。

（四）主题活动与实践相结合

谚语说"冬至饺子夏至面"，老师组织孩子们学搓面条、煮面条。让幼儿自己动手切西瓜，引导他们了解夏天要多喝水，多吃水果。

（五）画画识节气，艺术相融合

夏至送清凉，清凉折纸扇，在炎热的夏天，教师带小朋友折小扇子，送给爸爸妈妈和爷爷奶奶，晚上去户外散步，可以用小扇子驱赶蚊虫。

（六）亲子活动

以夏至节气为背景开展"家长进厨房，制作绿豆汤"主题活动，增进亲子感情，让幼儿感受炎热夏天中的清凉。

十一、小暑（夏季每年7月7—8日）

（一）针对各年龄段进行课程研讨

按照小、中、大班幼儿年龄特点，教师确定合适的生态德育活动教案，将小暑节气活动所需的各种材料准备好。

（二）利用晨诵课程，吟诵小暑农谚及古诗词

老师们将搜集到的小暑谚语及古诗词，与孩子们一起诵读。

小暑谚语：①小暑过，一日热三分。（让孩子知道，时至小暑，气温逐渐升高，了解气候的变化。）②小暑温暾大暑热。

小暑古诗（适合大班）：

小暑六月节

唐·元稹

倏忽温风至，因循小暑来。竹喧先觉雨，山暗已闻雷。

户牖深青霭，阶庭长绿苔。鹰鹯新习学，蟋蟀莫相催。

（三）了解小暑节气的含义及民俗

老师利用 PPT、视频、图片等，给孩子们讲述小暑节气的含义、风俗活动及传

统饮食文化，让幼儿感受到小暑节气的炎热。

（四）主题活动与实践相结合

教师带领孩子们去生态园观察向日葵。①教师引导幼儿观察向日葵外表结构，鼓励幼儿说出向日葵特征。②让幼儿知道向日葵有很多作用，不仅有美化环境的作用，在饮食上还可以榨油等。③知道瓜子是向日葵的果实。组织幼儿采摘成熟的向日葵，让他们体验收获的甜蜜。

（五）画画识节气，艺术相融合

让孩子们利用瓜子粘贴手工作品，锻炼他们的动手能力。

（六）亲子实践活动

家长和孩子到种植园采摘西瓜，让孩子们知道吃西瓜是夏天健康的解暑方式。

十二、大暑（夏季每年7月22—24日）

（一）针对各年龄段进行课程研讨

按照小、中、大班幼儿年龄特点，教师确定合适的生态德育活动教案，将大暑节气活动所需的各种材料准备好。

（二）利用晨诵课程，吟诵大暑农谚及古诗词

老师将搜集到的大暑谚语及古诗词，与孩子们一起诵读。

大暑谚语：①大暑无酷热，五谷多不结。②大暑连阴天，遍地出黄金。（告诉幼儿大暑天气炎热，则谷物丰收。）

大暑古诗：

大暑

宋·曾几

赤日几时过，清风无处寻。经书聊枕籍，瓜李漫浮沉。
兰若静复静，茅茨深又深。炎蒸乃如许，那更惜分阴。

（三）了解大暑节气的含义及民俗

老师利用PPT、视频、图片等，为孩子们讲述大暑节气的含义、各地民俗及传统饮食文化，让幼儿了解大暑节气天气高温炎热，是一年中最热的时期，全国大部分地区干旱少雨。

（四）主题活动与实践相结合

教师带领幼儿制作果盘，并准备绿豆汤。通过动手操作，让幼儿进一步体会大暑气温高、天气热的特点。

（五）画画识节气，艺术相融合

孩子们通过绘画形式，画出夏季炎热的景象。利用棉花、雪糕棍等制作各种手工作品，锻炼幼儿的动手能力和绘画技巧。

（六）亲子泼水大战

炎炎夏日，骄阳似火，为了满足孩子们玩水、戏水的热情和渴望，举办以"欢乐泼水，开怀一夏"为主题的亲子活动，让幼儿在欢乐的气氛中感受夏日的激情。

十三、立秋（秋季每年8月7—22日）

（一）针对各年龄段进行课程研讨

按照小、中、大班幼儿年龄特点，教师确定合适的生态德育活动教案，将立秋节气的课程材料准备好。

（二）利用晨诵课程，吟诵立秋农谚及古诗词

老师将搜集到的立秋谚语及古诗词，与孩子们一起诵读。

立秋谚语：①雷打秋，冬半收。②立秋三场雨，遍地是黄金。③立秋栽葱，白露栽蒜。（让幼儿了解立秋要种什么，如大葱、菠菜等。）

立秋古诗：

新秋

唐·齐己

始惊三伏尽，又遇立秋时。
露彩朝还冷，云峰晚更奇。
垄香禾半熟，原迥草微衰。
幸好清光里，安仁谩起悲。

（三）了解立秋节气的含义及民俗

老师利用PPT、视频、图片等，为孩子们讲述立秋节气的含义、各地民俗与传统饮食文化，让幼儿知道立秋节气的重要性。

（四）主题活动与实践相结合

教师组织幼儿在幼儿园菜地里做好整地、晒秋、施肥的准备，让幼儿感受生活的乐趣，体验种植的辛苦。

（五）画画识节气，艺术相融合

幼儿通过画画的形式，将立秋的天气景象展现出来。利用现有材料制作手工作品，锻炼幼儿的动手能力。

（六）亲子种植园

家长与幼儿一起栽葱，体验劳动的不易。让家长和幼儿一起亲近生活，亲近大自然，珍惜来之不易的生活。

十四、处暑（秋季每年8月23日前后）

（一）针对各年龄段进行课程研讨

按照小、中、大班幼儿年龄特点，教师确定合适的生态德育活动教案，将处暑节气的课程材料准备好。

（二）利用晨诵课程，吟诵处暑农谚以及古诗词

老师将搜集到的处暑谚语及古诗词，与孩子们一起诵读。

处暑谚语：①处暑一声雷，秋里大雨来。②处暑里的雨，谷仓里的米。③处暑雷唱歌，阴雨天气多。④处暑天还暑，好似秋老虎。处暑天不暑，炎热在中午。(让幼儿了解处暑节气宜食清热安神的食物，如银耳、百合、莲子、蜂蜜、黄鱼、芹菜、菠菜、糯米、芝麻、豆类。)

处暑古诗：

闲适
宋·陆游

四时俱可喜，最好新秋时。
柴门傍野水，邻叟闲相期。

（三）了解处暑节气的含义及民俗

老师利用PPT、视频、图片等，为孩子们讲述处暑节气的含义、各地民俗与传统饮食文化，让幼儿知道处暑节气的重要性。

（四）主题活动与实践相结合

处暑的农事活动是抢收、抢晒。利用幼儿园"天然氧吧"的独特优势，让幼儿进行抢收（体验丰收的喜悦），之后慢慢观察农作物被晒干的过程（懂得农民伯伯劳动的辛苦，知道珍惜食物）。

（五）画画识节气，艺术相融合

小班幼儿利用点画冰激凌；中大班幼儿利用油水分离、粘贴等方法绘制处暑节气景色，加深对处暑节气的印象，锻炼手的灵活性以及对大自然美的欣赏。

（六）亲子活动

家长带领幼儿收集农作物，利用种子来创作粘贴画，完成后将作品带到幼儿园与同伴交流分享。

十五、白露（秋季每年9月7—8日）

（一）针对各年龄段进行课程研讨

按照小、中、大班幼儿年龄特点，教师确定合适的生态德育活动教案，将白露节气的课程材料准备好。

（二）利用晨诵课程，吟诵白露农谚及古诗词

老师将搜集到的白露谚语及古诗词，与孩子们一起诵读。

白露谚语：①草上露水凝，天气一定晴。②白露秋分夜，一夜凉一夜。（让幼儿知道季节的转变。）

白露古诗（适合大班）：

白露

唐·杜甫

白露团甘子，清晨散马蹄。
圃开连石树，船渡入江溪。
凭几看鱼乐，回鞭急鸟栖。
渐知秋实美，幽径恐多蹊。

（三）了解白露节气的含义及气候特点

老师利用 PPT、视频、图片等，为孩子们讲述白露节气的含义、气候特点以及各地习俗。白露节气即为典型的秋季气候，容易出现口干、唇干、鼻干、咽干及大便干结、皮肤干裂等症状，告诉孩子预防干燥的方法。

（四）主题活动与实践相结合

白露是一个瓜果飘香的时节，也是许多农作物丰收的时节。带领孩子们在园内进行果蔬采摘，让他们享受自然节气带来的丰收的快乐。

（五）画画识节气，艺术相融合

小班幼儿进行果蔬丰收涂色，中、大班幼儿利用水彩笔、油画棒等将白露时节收获的景象描画出来。通过绘画活动，加深幼儿对白露节气的印象，锻炼他们手的灵活性以及对大自然美的欣赏。

（六）亲子活动

民间有"春茶苦，夏茶涩，要喝茶，秋白露"的说法，组织家长和孩子们一起去茶山采茶，和茶农炒茶，一起泡茶，共同品茶，体验中国传统的茶文化，感受白露节气里特有的茶香。

十六、秋分（秋季每年 9 月 22—24 日）

（一）针对各年龄段进行课程研讨

按照小、中、大班幼儿年龄特点，教师确定合适的生态德育活动教案，将秋分节气活动所需的各种材料准备好。

（二）利用晨诵课程，吟诵秋分农谚及古诗词

老师将搜集到的秋分谚语及古诗词，与孩子们一起诵读。

秋分谚语：①白露早,寒露迟,秋分种麦正当时。(让孩子认识秋分时节的收获之物，如大枣、玉米、水稻，播种之物，如油菜、三麦、蚕豆。)②白露过秋分，农事忙纷纷。

秋分古诗（适用于大班）：

晚晴

唐·杜甫

返照斜初彻，浮云薄未归。
江虹明远饮，峡雨落馀飞。

(三)了解秋分节气的含义及民俗

老师利用 PPT、视频、图片等,为孩子们讲述秋分节气的含义、各地民俗及传统饮食文化,让幼儿感受到秋分节气收获的景象。

(四)主题活动与实践相结合

农村幼儿园利用独有的优势,组织幼儿参与收获活动,体验收获的喜悦。城市幼儿园组织幼儿到郊区观察收获季节的景象,认识不同的农作物。

(五)画画识节气,艺术相融合

孩子们通过绘画的形式,将玉米成熟的景象展现出来。利用玉米秆制作各种手工作品。通过制作手工作品,充分锻炼幼儿的动手能力和绘画技巧。

(六)亲子种植园

家长与孩子一起种植油菜,体验劳动的艰辛,让幼儿更好地与大自然亲密接触。

十七、寒露(秋季每年10月7—9日)

(一)针对各年龄段进行课程研讨

按照小、中、大班幼儿年龄特点,教师确定合适的生态德育活动教案,将寒露节气活动所需的各种材料准备好。

(二)利用晨诵课程,吟诵寒露农谚及古诗词

老师将搜集到的寒露谚语及古诗词,与孩子们一起诵读。

寒露谚语:①寒露有雨冬雨少,寒露无雨冬雨多。②寒露无雨,百日无霜。

寒露古诗:

池上

唐·白居易

袅袅凉风动,凄凄寒露零。
兰衰花始白,荷破叶犹青。
独立栖沙鹤,双飞照水萤。
若为寥落境,仍值酒初醒。

(三)了解寒露节气的含义及民俗习惯

老师利用 PPT、视频、图片等,为孩子们讲述寒露节气的含义、民俗习惯及传

统文化知识，让他们了解寒露节气的由来。此时气温比白露时更低，让孩子们知道此时已经进入了冬季，注意保暖。

（四）主题活动与实践相融合

老师讲解寒露的特征，让幼儿了解气温从寒露这一天开始下降，比白露时更低，地上的露水更冷，快要凝结成霜。饮食方面应吃温食。寒露时节，气温下降，空气干燥，应预防疾病的发生。此时秋熟作物先后成熟，要及时脱粒、翻晒。

（五）画画识节气，艺术相融合

教师引导幼儿观察露珠产生、变化、消失的过程，激发幼儿探究露珠的兴趣，萌发对小露珠的喜爱之情。让幼儿用绘画的方式表现露珠之美。

（六）亲子活动

教师和家长带幼儿到生态园观察、拍摄有露珠的树叶，让幼儿知道一片平常的树叶在阳光的照射下，能够变得透明起来，让幼儿感受自然界中的植物随气候变化而变化。

十八、霜降（秋季每年 10 月 23—24 日）

（一）针对各年龄段进行课程研讨

按照小、中、大班幼儿年龄特点，教师确定合适的生态德育活动教案，将霜降节气活动所需的各种材料准备好。

（二）利用晨诵课程，吟诵霜降农谚及古诗词

老师将搜集到的霜降谚语及古诗词，与孩子们一起诵读。

霜降谚语：①霜后暖，雪后寒。②霜降无雨，暖到立冬。③晚稻就怕霜来早。④夏雨少，秋霜早。夏雨淋透，霜期退后。（通过这四个谚语让幼儿初步了解霜降特点，并观察菊花、桂花在霜降节气盛开的情景，种植园里的萝卜也可以吃了。）

霜降古诗（适合大班）：

咏廿四气诗·霜降九月中
唐·元稹

风卷清云尽，空天万里霜。野豺先祭月，仙菊遇重阳。
秋色悲疏木，鸿鸣忆故乡。谁知一樽酒，能使百秋亡。

(三）了解霜降节气的含义及民俗

老师利用 PPT、视频、图片等，让孩子们了解霜降节气的含义、各地民俗及传统饮食文化，让幼儿感受到霜降后，天气渐冷，有霜出现。

(四）主题活动与实践相结合

大班教师带领幼儿观察植物叶子上白色的霜（让幼儿更直观地了解霜降后，天气逐渐变冷，开始降霜），小班教师带领幼儿到生态园赏枫叶，捡枫叶。

(五）画画识节气，艺术相融合

引导幼儿利用树叶、折纸等材料制作立体菊花，培养幼儿的动手操作能力，让幼儿体会同伴间合作的乐趣。

(六）亲子活动

组织家长带领幼儿寻找枫叶，让幼儿按照自己的想法制作树叶粘贴画或者树叶拓印。让孩子动手动脑，达到寓教于乐的目的。完成作品后，与同伴交换欣赏，感受大自然的馈赠。

十九、立冬（冬季每年 11 月 7—8 日）

(一）针对各年龄段进行课程研讨

按照小、中、大班幼儿年龄特点，教师确定合适的生态德育活动教案，将立冬节气活动所需的各种材料准备好。

(二）利用晨诵课程，吟诵立冬农谚及古诗词

老师将搜集到的立冬谚语及古诗词，与孩子们一起诵读。

立冬谚语：①立冬打雷要反春。②今冬麦盖三层被，明年枕着馒头睡。（让幼儿了解立冬后天气对农作物的影响。）

立冬古诗：

立冬

唐·李白

冻笔新诗懒写，寒炉美酒时温。
醉看墨花月白，恍疑雪满前村。

（三）了解立冬节气的含义及民俗

老师利用 PPT、视频、图片等，为孩子们讲解立冬节气的含义及各地习俗，让幼儿感受冬天的到来。

（四）主题活动与实践相结合

俗话说"立冬不端饺子碗，冻掉耳朵没人管"，教师带领孩子们一起动手包饺子，迎接立冬节气的到来。

（五）画画识节气，艺术相融合

小班小朋友画五颜六色的饺子，中大班小朋友用黏土揉一揉、搓一搓、捏一捏，做出各种各样的饺子。在活动中，培养幼儿的观察力、创造力，让幼儿体会到同伴间合作的乐趣。

（六）亲子活动

家长带领幼儿到大自然中发现花花草草有了怎样的变化，周围人群的穿着有了怎样的变化，感受立冬节气的特征。

二十、小雪（冬季每年 11 月 22—23 日）

（一）针对各年龄段进行课程研讨

按照小、中、大班幼儿年龄特点，教师确定合适的生态德育活动教案，将小雪节气的课程材料准备好。

（二）利用晨诵课程，吟诵小雪农谚以及古诗词

老师将搜集到的小雪谚语及古诗词，与孩子们一起诵读。

小雪谚语：①小雪地不封，大雪还能耕。（带领幼儿认识小麦以及油菜，小雪节气前后，小雪期间，要开始对麦子、油菜进行田间管理，并开始积肥。）②小雪封地，大雪封河。

小雪古诗（适合大班幼儿）：

初冬夜饮

唐·杜牧

淮阳多病偶求欢，客袖侵霜与烛盘。

砌下梨花一堆雪，明年谁此凭阑干

（三）了解小雪节气的含义及民俗

老师利用 PPT、视频、图片等，为孩子们讲述小雪节气的含义、各地民俗与传统饮食文化。一是小雪落雪，来年雨水均匀，无大旱涝；二是下雪可冻死一些病菌和害虫，来年减轻病虫害的发生；三是积雪有保暖作用，利于土壤的有机物分解，增强土壤肥力。因此俗话说"瑞雪兆丰年"，是有一定科学道理的。

（四）主题活动与实践相结合

老师带领幼儿到户外写生，让幼儿更加接近自然，感受大自然的馈赠，进一步了解小雪的节气特点。

（五）画画识节气，艺术相融合

小班幼儿利用纸巾拓印画初雪雪景，中大班幼儿到户外进行写生。

（六）亲子活动

家长带领幼儿一起收获白菜，体验收获的快乐，了解保护白菜的方法，加深对小雪节气特点的印象。

二十一、大雪（冬季每年 12 月 7—8 日）

（一）针对各年龄段进行课程研讨

按照小、中、大班幼儿年龄特点，教师确定合适的生态德育活动教案，将大雪节气活动所需的各种材料准备好。

（二）利用晨诵课程，吟诵大雪农谚及古诗词

老师将搜集到的大雪谚语及古诗词，与孩子们一起诵读。

大雪谚语：①大雪纷纷落，明年吃馍馍。②冬雪一层面，春雨满囤粮。③今冬大雪飘，来年收成好。（让幼儿了解大雪对植物的好处，大雪给农作物穿上厚厚的棉衣，来年会有好收成。）

大雪古诗：

江雪

唐·柳宗元

千山鸟飞绝，万径人踪灭。

孤舟蓑笠翁，独钓寒江雪。

（三）了解大雪节气的含义及民俗

老师利用 PPT、视频、图片等，为孩子们讲述大雪节气的含义、各地民俗及传统饮食文化，让幼儿感受大雪节气的景象。

（四）主题活动与实践相结合

教师带领幼儿到户外观察大雪天气下农作物的变化（农作物穿上了"雪衣服"，了解"雪衣服"的作用），让幼儿体验大自然的神奇与包容，进一步加深幼儿对大雪节气的印象，使其了解大雪节气的特点。

（五）画画识节气，艺术相融合

小班幼儿利用简单的撕纸制作大雪时节植物盖上"厚被子"的景色。中、大班幼儿利用剪贴、绘画等形式制作立体手工《冬妈妈的厚被子》。

（六）亲子活动：堆雪人

家长与孩子一起玩堆雪人、打雪仗游戏，并将提前制作好的冰花挂在幼儿园院子的树枝上，装点幼儿园景色。

二十二、冬至（冬季每年 12 月 21—23 日）

（一）针对各年龄段进行课程研讨

按照小、中、大班幼儿年龄特点，教师确定合适的生态德育活动教案，将冬至节气活动所需的各种材料准备好。

（二）利用晨诵课程，吟诵冬至农谚及古诗词

老师将搜集到的冬至谚语及古诗词，与孩子们一起诵读。

冬至谚语：①冬至强北风，注意防霜冻。（让孩子们了解冬至节气防霜冻的重要性，知道注意保暖。）②冬至萝卜夏至姜，适时进食无病痛。（让幼儿了解冬至吃萝卜的养生方法，并观察冬至节气开花的植物，如梅花、兰花、茶花。）

冬至古诗（适用于大班）：

夜雪

唐·白居易

已讶衾枕冷，复见窗户明。
夜深知雪重，时闻折竹声。

（三）了解冬至节气的含义及民俗

老师利用 PPT、视频、图片等，让幼儿了解冬至节气的含义、民俗及传统饮食文化。

（四）主题活动与实践相结合

我国古代曾有"冬至大如年"的说法，而且有冬至吃饺子的习俗。教师组织幼儿开展冬至包饺子生活实践活动。教师借助冬至这个节气，一边指导幼儿学着擀面皮、包饺子，一边讲解冬至的由来。

（五）画画识节气，艺术相融合

小班幼儿利用手指点画的方法绘画冬至景色；中班幼儿运用剪、贴、画的形式制作冬雪；大班幼儿通过毛笔和宣纸绘制水墨画——冬至水饺，在绘画过程中体会中国传统文化的重要性。

（六）亲子活动

家长带领幼儿给周围的小树裹上厚厚的"衣服"。通过此活动，让幼儿知道爱绿护绿的重要性，感受大自然与人类和谐相处的美好。

二十三、小寒（冬季每年 1 月 5—6 日）

（一）针对各年龄段进行课程研讨

按照小、中、大班幼儿年龄特点，教师确定合适的生态德育活动教案，将小寒节气活动所需的各种材料准备好。

（二）利用晨诵课程，吟诵小寒农谚及古诗词

老师将搜集到的小寒谚语及古诗词，与孩子们一起诵读。

小寒谚语：①小寒不寒，清明泥潭。（告诉幼儿如果小寒天气晴暖，则预兆春天将会寒冷。）②小寒大寒，冷成冰团。（让幼儿知道小寒节气的气候变化。）

小寒古诗（适合中大班）：

窦园醉中前后五绝句
宋·陈与义

东风吹雨小寒生，杨柳飞花乱晚晴。
客子从今无可恨，窦家园里有莺声。

（三）了解小寒节气的由来及民俗

老师利用 PPT、视频、图片等，为孩子们讲述小寒节气的由来、气候特点、各地习俗及饮食文化，让幼儿知道小寒期间应该多吃一些温性食物，如核桃、南瓜、鸡肉等。

（四）主题活动与实践相结合

小寒节气后，天气进入最寒冷的日子。小班小朋友进行投掷比赛，中班小朋友进行拍球比赛，大班小朋友进行跳绳、踢毽子、滚铁环等活动。经过上述活动，锻炼孩子们不怕寒冷的坚强性格。

（五）画画识节气，艺术相融合

幼儿用水墨画梅花，知道梅花的坚强、勇敢。

（六）亲子远足活动

小寒节气正处于三九寒天，是一年中最冷的时段。此时正是人们加强身体锻炼、提高身体素质的大好时机。家长和孩子们一起到生态园开展远足活动，不仅锻炼身体，还能体验到浓浓亲情。

二十四、大寒（冬季每年1月19—21日）

（一）针对各年龄段进行课程研讨

按照小、中、大班幼儿年龄特点，教师确定合适的生态德育活动教案，将大寒节气活动所需的各种材料准备好。

（二）利用晨诵课程，吟诵大寒农谚以及古诗词

老师将搜集到的大寒谚语及古诗词，与孩子们一起诵读。

大寒谚语：①过了大寒，又是一年（农历）。②大寒大寒，无风也寒。（带领幼儿观察窗上冰花，以及人们身上厚厚的衣物，初步了解大寒的节气特点。）

大寒古诗：

大寒

现代·左河水

蜡树银山炫皓光，朔风独啸静三江。

老农犹喜高天雪，况有来年麦果香。

（三）了解大寒节气的含义及民俗

老师利用 PPT、视频、图片等，为孩子们讲述大寒节气的含义、民俗与传统饮食文化。

（四）主题活动与实践相结合

大寒的农事活动是加强牲畜、越冬作物的防寒防冻。寒潮频繁，一年中的寒冷时期，风大，低温，地面积雪不化，呈现出冰天雪地、天寒地冻的严寒景象。教师带领幼儿针对幼儿园的动植物进行防寒保护活动。

（五）画画识节气，艺术相融合

中、大班利用棉花、彩色折纸、水粉颜料等制作防冻小棉袄，锻炼幼儿的动手能力，增强幼儿对动植物的爱心。

（六）亲子活动

幼儿与家长一起给大树做防寒措施，激起幼儿爱护花草树木的美好情感。

第三节 "探探"微课生态德育活动

一、"探探"微课生态德育活动设计理念

我国著名教育家陈鹤琴先生的"活教育"理论提出：活教育的课程是把大自然、大社会作为出发点，让学生直接向大自然、大社会学习。他明确指出，大自然、大社会是知识的主要源泉。在此理念的引导下，我们结合幼儿园的户外生态课程，开展了生态德育微课活动。利用"小课堂，大教学"的形式，让幼儿在大自然中自由探索，发现周边环境的变化，继而提出问题、解决问题，建立初步的人与自然和谐共处的环保意识，养成良好的生态文明行为习惯。在此过程中，老师要关注到孩子的每一个细微变化，尊重孩子年龄及性格、能力的差异，让每个孩子均可按照自己的方式探索有趣的事物，并以自己的速度和规律进行探索学习，了解大自然中有趣的现象与周围环境的关系。

二、"探探"微课生态德育活动教育目标

让孩子认识自然，喜欢自然，敬畏自然，尊重生命，学会人与自然和谐共处。了解周围环境变化对人们生活的影响，养成良好的生态文明行为习惯和生活习惯，培养初步的生态文明素养。

三、"探探"微课生态德育活动实施途径

生态德育微课程的实施途径主要是通过幼儿自主探索活动，运用课堂教学活动

和户外拓展实践活动相结合的方式，重视实践体验，把课程、实践活动延伸到自然和周围小区等社会环境中，丰富幼儿的生活经验，促进幼儿环保意识的发展，例如：以"共享地球"为主题的垃圾分类、变废为宝、环保科技作品展、植树节护绿小卫士、徒步远足等活动。

四、"探探"微课生态德育活动教育案例

活动一　变废为宝（大班）

1. "探探"时刻

今天教师组织"社区环保日"实践活动，孩子们不断捡拾、清理地面草丛中的垃圾，并将地上的垃圾放到自己准备的垃圾袋里。垃圾中有纸屑、塑料袋、小纸盒、矿泉水瓶等。突然，雨轩跑过来跟我说："老师，垃圾分为可回收垃圾和不可回收垃圾，我们应该准备两个环保袋子，将可回收和不可回收的垃圾分开放。"我说："太对了！你的建议很不错！"

图 4-34　小区内捡拾垃圾

图 4-35　公园内捡拾垃圾

2. 教师识别： 在此次活动中，幼儿把以往的知识经验应用到实际生活中，垃圾分类的环保意识得到了明显的提高。

3. 教学点分析： 生活中的废旧物品随处可见，却被人们当垃圾随手扔掉，可利用的资源就这样白白浪费了。设计这节课主要是让幼儿知道废旧物品可以再利用，从而提高孩子的创造力和节约资源的环保意识。

4. 活动目标

（1）了解几种常见的废旧物品，探索发现废旧物品的利用价值。

（2）尝试运用不同的废旧材料进行创作，体验变废为宝的快乐。

（3）知道垃圾分类的重要性，萌发生态环保意识。

5. 活动准备

第一阶段：了解哪些垃圾是可以再利用的，哪些垃圾是不可以再利用的。

第二阶段：收集可再利用的废旧物品。

图 4-36 垃圾分类（饮料瓶）

图 4-37 垃圾分类（薯片筒）

6. 活动过程

（1）视频导入活动，了解垃圾污染的危害，播放环境污染的视频、照片。

提问：河水变成什么颜色了？河面上漂着什么？这些垃圾都是从哪来的？

（2）幼儿介绍收集的废旧物品以及讲述垃圾分类的方法。

①交流讨论废旧物品的分类方法，引导幼儿说出废旧物品可分为两大类：可回收和不可回收。

提问：在我们的生活中，每天会产生许多废旧物品，前几天我们还做过"收集废旧物品"的调查，请小朋友说说搜集了哪些废旧物品、是怎样分类的。

②鼓励幼儿尝试用多种方法给废旧物品分类。

提问：这么多废旧物品摆放在一起很乱，有什么好方法让它们变得整齐？

幼儿说方法：相同物品放一起，分为一类，如瓶子放一起、盒子放一起等。

除了这样分，你还能想出更好的分法吗？如盒子（糖盒、牙膏盒、鞋盒），瓶子（洗发瓶、药瓶、饮料瓶）等。

教师小结：废旧物品可以按材质分为纸质类、金属类、玻璃类、塑料类等，还可以按形状、大小分。

（3）尝试运用不同的废旧材料进行创作，体验变废为宝的快乐。

①观察、欣赏由各种废旧物品制作的小工艺品。

提问：看看这些都是什么？这些漂亮的工艺品都是用什么废旧物品做的？

②尝试利用废旧物品进行创作。

③幼儿分享交流，欣赏同伴的作品。

（4）活动延伸。

引导幼儿关注垃圾分类箱等环保设施，和幼儿探索减少垃圾的方法，鼓励家长和幼儿一起利用身边的废旧物品制作环保科技小作品。

7. 活动总结与延伸

幼儿的作品非常有创意，有用药盒子做的轮船，有用饮料瓶子做的娃娃，有用一次性小碗做

图4-38 环保科技节活动中，孩子们拍卖自己的环保科技小作品

的花盆等。家长的参与，使家园共育的活动价值得到了更好的体现。在此过程中，幼儿也体验了创作的乐趣；了解了废旧物品可以再利用，可以做出好多好玩的有用的物品；学会了用自己的方式宣传环保知识，呼吁身边的人积极参与环保活动。

活动二　青青小草与可爱的小蘑菇（小班）

1."探探"时刻

一场春雨过后，教师带领孩子们来到树林中的草坪上，让孩子们呼吸一下雨后清新的空气，观察一下雨后的各种植物。活动中，孩子们对草的种类产生了兴趣，有的说小草的叶子是尖尖的；有的发现小草的叶子是圆圆的；有的发现有些小草叶片多，有些小草叶片少。这时候，有几个孩子围在一起，大声喊着："老师，快来看呀！小草旁边有小蘑菇，小草有好朋友了！"

2. 教师识别：小班年龄段的幼儿，能注意发现周围的动植物是多种多样的，也能用感官或动作去探索并获得直接的感受。

3. 教学点分析：小草是小朋友们非常熟悉的植物，但是对小草的种类以及小蘑菇的出现，孩子们存在着疑问。针对孩子们的这个兴趣点设计这节微课，目的是让孩子们去观察小草，认识小蘑菇，探索小草与小蘑菇的特征，激发孩子们热爱大自然的情感。

4.活动目标

（1）了解小草的生长过程，知道小草可以净化空气、美化环境。

（2）认识小蘑菇，了解它们的外形特征。

（3）愿意亲近自然，萌发爱护绿色植物、参与环保活动的意识。

图4-39 幼儿园发现小蘑菇

5.活动准备

（1）小草、蘑菇生长过程的视频、图片。

（2）草坪或以绿色小草为主的小花园。

6.活动过程

（1）出示小草、蘑菇图片，引导幼儿观察其特征。

提问：小草是什么颜色、什么样子的？小蘑菇是什么样子的？

教师小结：小草和小蘑菇生长在土壤里，小草有细细的、尖尖的，或圆圆的叶片，小草喜欢阳光。小蘑菇的形状像把小雨伞，小蘑菇不喜欢阳光。

（2）播放视频，感知小草和小蘑菇的生长过程。

播放小草和蘑菇生长过程的视频并提问：你知道小草是怎么长大的吗？为什么会有小蘑菇出现在草丛里？

教师小结：把小草的种子撒到地里，种子慢慢发芽，小草芽钻出地面，并慢慢地长大，就成了小草。出现小蘑菇，是因为下雨之后地面潮湿，草丛里有植物腐烂后形成的泥土，适合小蘑菇生长。

（3）谈话交流，了解小草的本领。

①出示草坪的图片并提问：你知道小草对我们生活的环境有什么好处吗？

②出示空气清新和污浊的环境图片，引导幼儿对比观察，进一步感知小草的好处。

教师小结：小草可以美化环境，让大街、社区、公园变得更漂亮，还可以净化空气、减少尘土、释放氧气。

（4）体验感受，树立环保意识。

①引导幼儿讨论爱护小草的方法。

提问：小草对我们的生活和环境有这么多好处，我们应该怎样关心、爱护小草呢？

教师小结：爱护小草的方法很多，如不在草地上乱扔垃圾、不随意踩踏小草等，我们要从自己做起，还要动员身边的人们一起爱护小草。

②带幼儿到幼儿园的草地上清理枯叶，和小草亲密接触。

提问：清洁后的草地是什么样的？你有什么感觉？

教师小结： 清洁后的草坪很干净、很漂亮，大片大片的绿色让我们感觉很舒服。

7. 活动总结与延伸

活动结束后，幼儿对小草的认知经验得到了提高。趁此时机，让幼儿在自然角种植一盆绿色植物，学习照料、管理小植物。同时，为让孩子养成良好的生态文明行为习惯，建议家长带幼儿外出时，随时教育幼儿爱护花草树木、不乱扔垃圾，培养幼儿初步的环保意识。

活动三　打吊瓶的树（中班）

1. "探探"时刻

图 4-40 打吊瓶的树

图 4-41 在公园观察树木

今天的徒步活动中，孩子们发现了一棵打吊瓶的树。"咦？树怎么也打针？它也生病了？生的是什么病？我第一次看见树也要打针。"孩子们带着一连串的疑问，互相讨论着。

2. **教师识别：** 中班的幼儿喜欢接触一些新事物，经常会问一些与新事物有关的问题，喜欢对提出的问题进行大胆猜测。

3. **教学点分析：** 小朋友们猜测，大树可能是生病了。为了解答孩子们的疑问，我和孩子们一起搜集资料，做有针对性的调查。

4. 活动目标

（1）了解探索大树打吊瓶的原因。

（2）能够通过观察提出问题，并大胆猜测答案。

（3）简单了解保护树木的方法，初步产生环保意识。

5. 活动过程

（1）回顾徒步活动过程中产生的疑问，请幼儿仔细观察打吊瓶树的图片，大胆表述自己的想法。

（2）验证猜测。

通过观察发现，打吊瓶的树上没有多少树叶，旁边都有支撑的小树枝，好像都是刚栽的小树。原来树木打点滴并不单纯是因为生病了，树木需要打点滴的情况通常分为四大类，分别是移栽、复壮、病虫害治疗、生长调节。针对不同的目的，配制不同的药剂。给树打点滴与给人打点滴的方法相近，只是针头要粗得多，打针时可用电钻钻孔。给树木所输入的液体包括水分、营养液、生长激素、灭虫灭菌药剂等。树木也有它的"血管"——植物的根，它们从泥土中吸收水分和矿物盐等养分，并运送到植物的身体。

（3）讨论保护树木的方法。

提问：小朋友们都想到了哪些办法可以更好地保护大树？

教师小结：可以用浇水、除草等方式来保护树木，还可以在树干底部涂上石灰等。

6. 活动总结与延伸

树木和小朋友们一样，也会生病，也需要营养，这样才能长得强壮。所以我们一定要爱护树木，让小树和我们一样健康快乐地成长。

活动四　文明小游客（大班）

1. "探探"时刻

今天，我带领孩子们体验乘坐公交车。孩子们在观察陆陆续续上下车的乘客时，突然有位乘客随手将塑料袋扔出了窗外，这时轩轩大声说道："叔叔，老师讲过，垃圾不可以到处乱扔的！"

2. 教师识别：针对这一现象，引发了幼儿的思考：怎样文明乘车？外出旅行时怎样才能做一个文明的小游客？幼儿有外出游玩的经验，知道一些基本的自我保护常识和基本的文明行为。

3. 教学点分析：假期到来，让孩子们在外出旅游的时候，懂得安全的重要性，掌握一些基本的外出旅游的文明礼仪，知道做一个文明的小游客，也是很重要的。

4.活动目标

（1）能说出旅途中基本的文明行为规范，并学习遵守公共场所规则。

（2）了解旅游中要注意的安全事项，不做危险的事，具有初步的自我保护能力。

（3）积极参加情景游戏，进行模拟表演，学习文明行为规范，体验游戏的乐趣。

5.活动准备

（1）旅游场景图片：公共汽车、旅游场所、沙滩泳池、长城、泰山等。

（2）有关旅游中的对错图片：排队上下车、在车上大声讲话、检票、乱丢垃圾、不折花草、喂小动物、往车窗外扔垃圾、随地大小便等。

6.活动过程

（1）图片导入

分别展示幼儿和家长外出旅游的照片，让幼儿介绍旅游的故事。

提问：请小朋友讲一讲自己的旅游故事，讲一讲旅途中发生过什么有趣的事情。

（2）情景讨论

依次出示两幅情景图片，通过讨论、交流，引导幼儿说一说旅途中应该注意哪些不文明行为。

①图片1：公共汽车

提问：在乘车的时候，我们应该怎样做才是一个文明的小乘客？应该注意哪些安全问题？

教师小结：乘车时，要等汽车停下时再排队上车，在车内不能大声喧哗，不随意走动，不随便扔垃圾，不把手和头伸出窗外，系好安全带等。

②图片2：长城、泰山、海滩、动物园景点

讨论、交流：图片上的叔叔和阿姨在干什么？（如刻字、乱丢垃圾。）在景点拍照的时候，我们应该怎样做？在旅游景点，我们还应该注意哪些不文明行为？

教师小结：在景点参观旅游时，要排队检票，不乱涂乱画，不乱丢垃圾；拍照的时候要礼让，要在规定的区域内拍照，不到危险的地方游玩、拍照，不随便喂食小动物。

（3）情景表演：我是文明小游客

创设情境，幼儿分组表演，互相点评。

设置情境1：乘坐公共汽车时，小朋友应怎样乘车？乘车时要注意什么？

设置情境2：在动物园喂食小动物。

幼儿分组讨论、评价。

7. 活动总结与延伸

和爸爸妈妈一起外出旅游时，做个文明的小游客，把旅游过程中的所见所闻记录下来。

图 4-42 乘车检票

第四节　人文生态德育儿童剧

随着环境危机日益严重，唤醒人们的生态环保意识，在人类文化的各个领域已达成共识。各个幼儿园老师可以根据当地实际，自己编写或把有关生态化教育的儿童绘本改编成生态德育儿童剧。生态德育儿童剧，以体现深层次的生态审美为目的，引导幼儿关注自然、认识自然、保护自然，唤醒孩子天生具有的率真与质朴，帮助孩子建立人与自然和谐相处的生态观，是一种寓教于乐、童趣盎然的教育形式。这种教育形式展现了人"诗意栖居"于自然的美好，引发幼儿主动投身其中，去体验，去辨析，去思考，发现、感受艺术和生活之美。

第五章 人文生态化星级示范幼儿园评价标准（试行）

项目			评价内容及标准
一级指标	二级指标	三级指标	
A1 人文生态化教育（60分）	B1 人文生态化环境（30分）	C1 户外综合生态绿化率（12分）	户外综合生态绿化面积＝绿化美化平面面积＋生态覆盖面积（相对独立的大树树冠正午遮阴面积）＋绿视面积（幼儿园内立体绿化墙侧面积） 户外综合生态绿化率＝综合生态绿化面积÷幼儿园占地面积 三星级标准要求：户外综合生态绿化率达到40%； 四星级标准要求：户外综合生态绿化率达到45%； 五星级标准要求：户外综合生态绿化率达到50%。
		C2 户外游戏区生态绿化率（12分）	户外游戏区生态绿化率＝活动场地综合生态绿化面积÷幼儿园占地面积 三星级标准要求：户外游戏区生态绿化率达到35%； 四星级标准要求：户外游戏区生态绿化率达到40%； 五星级标准要求：户外游戏区生态绿化率达到45%。
		C3 室内生态化环境（6分）	室内有自然种植角、饲养角和绿色植物（包括悬挂种植绿色植物），要求生态立体、多样化，疏密结合，高低适度，种类多样。

评价方法	得分
户外综合生态绿化率达标率计分方法： 三星级考核标准：须达到40%以上（含40%）（12分），每减少1%扣1分，低于35%一票否决； 四星级考核标准：须达到45%以上（含45%）（12分），每减少1%扣1分，低于40%一票否决； 五星级考核标准：须达到50%以上（含50%）（12分），每减少1%扣1分，低于45%一票否决。	
户外游戏区生态绿化率达标率计分方法： 三星级考核标准：须达到35%以上（含35%）（12分），每减少1%扣1分，低于30%一票否决； 四星级考核标准：须达到40%以上（含40%）（12分），每减少1%扣1分，低于35%一票否决； 五星级考核标准：须达到45%以上（含45%）（12分），每减少1%扣1分，低于40%一票否决。	
1. 每个班级室内设有种植区，种植植物种类多样。 三星级考核标准：每个班级种植植物8种以上（含8种）；（3分） 四星级考核标准：每个班级种植植物10种以上（含10种）；（3分） 五星级考核标准：每个班级种植植物12种以上（含12种）。（3分） 2. 每个班级室内设有饲养角，饲养动物种类多样。 三星级考核标准：每个班级饲养小动物1种以上（含1种）；（2分） 四星级考核标准：每个班级饲养小动物2种以上（含2种）；（2分） 五星级考核标准：每个班级饲养小动物3种以上（含3种）。（2分） 3. 室内生态环境立体、多样化，疏密结合，高低适度，种类丰富。（1分）	

项目			评价内容及标准
一级指标	二级指标	三级指标	
A1 人文生态化教育（60分）	B2 人文生态化活力教学（30分）	C4 人文生态化活力游戏（20分）	1. 人文生态化活力玩具器械 在生态绿化率达标的游戏区域内，设置的生态化活力玩具（成品或自制）总量和种类体现多样化、丰富性。 三星级标准要求：须有一组高度1.5米以上的大型综合游戏玩具，所有玩具能同时供幼儿园总班数1/4的幼儿玩耍使用； 四星级标准要求：须有一组高度2米以上的综合大型攀爬玩具（包含小树屋、观光平台及配套的各种攀爬设施），所有玩具能同时供幼儿园总班数1/3的幼儿玩耍使用； 五星级标准要求：须有一组高度2米以上的综合大型攀爬玩具（包含小树屋、观光平台及配套的各种攀爬设施），所有玩具能同时供幼儿园总班数1/2的幼儿玩耍使用。 2. 活力游戏的组织实施 活力游戏要体现幼儿的自主性，游戏的丰富性、趣味性、多样性、层次性和挑战性。活动过程中，孩子参与度高，兴趣浓厚，专注力、自主探索能力强，避免单项技能的重复和单调训练。教师要适时介入，适当指导，同时在指导过程中要关注体弱幼儿，注重个体差异。 三星级标准要求：及时观察、记录、分析幼儿的游戏行为和发展水平，组织幼儿开展丰富多样的户外生态化游戏； 四星级标准要求：及时观察、记录、分析幼儿的游戏行为和发展水平，组织幼儿开展丰富多样的户外生态化游戏，幼儿能够熟练完成游戏活动； 五星级标准要求：及时观察、记录、分析幼儿的游戏行为和发展水平，组织幼儿开展丰富多样的户外生态化游戏，幼儿能够积极主动参与活动，探索、发现各种器械的各种玩法，享受自制器械带来的快乐。

评价方法	得分
查看游戏器械数量及种类清单。 三星级考核标准：须有一组高度1.5米以上的大型综合游戏玩具（5分），所有玩具能同时供幼儿园总班数1/4的幼儿玩耍使用计1分；不符合要求酌情扣分，扣完为止。（5分） 四星级考核标准：须有一组高度2米以上的综合大型攀爬玩具（包含小树屋、观光平台及配套的各种攀爬设施）（5分）；所有玩具能同时供幼儿园总班数1/3的幼儿玩耍使用计1分；不符合要求酌情扣分，扣完为止。（5分） 五星级考核标准：须有一组高度2米以上的综合大型攀爬玩具（包含小树屋、观光平台及配套的各种攀爬设施）（5分）；所有玩具能同时供幼儿园总班数1/2的幼儿玩耍使用计1分；不符合要求酌情扣分，扣完为止。（5分）	
1. 查看开展人文生态化活力游戏相关佐证材料。 三星级考核标准：人文生态化游戏种类达到15种以上（含15种），组织幼儿开展户外生态化游戏，有园本游戏课程、游戏记录、视频、照片等资料，每少一个游戏种类扣1分，扣完为止；（5分） 四星级考核标准：人文生态化游戏种类达到20种以上（含20种），及时观察、记录、分析幼儿的游戏行为和发展水平，有园本游戏课程、游戏记录、视频、照片等资料，每少一个游戏种类扣1分，扣完为止；（5分） 五星级考核标准：人文生态化游戏种类达到25种以上（含25种），有园本游戏课程、游戏记录、视频、照片等资料，每少一个游戏种类扣1分，扣完为止。（5分） 2. 实地查看游戏开展水平，酌情扣分。 查看组织幼儿开展丰富多样的户外生态化游戏，幼儿能够熟练完成游戏活动，幼儿所玩器械或动作的熟练程度、幼儿的参与热情、专注度、参与度以及教师的指导情况。（5分）	

项目			评价内容及标准
一级指标	二级指标	三级指标	
A1人文生态化教育（60分）	B2人文生态化活力教学（30分）	C5人文生态化德育活动（10分）	1. 教师具有基本的人文生态化德育教育素养，结合幼儿园一日活动的组织实施，及时随机渗透认识自然、保护自然、人与自然和谐相处的生态德育教育理念的活动。 2. 以人文生态化教育理念为依据，形成园本特色人文生态化课程。 三星级标准要求：有园本特色人文生态化课程； 四星级标准要求：以人文生态化教育理念为依据，形成园本特色人文生态化课程，课程内容符合幼儿年龄特点，蕴含生态德育教育目标； 五星级标准要求：以人文生态化教育理念为依据，形成园本特色人文生态化课程，课程内容符合幼儿年龄特点，蕴含生态德育教育目标；将生态德育教育与主题教学有机融合，纳入常规课程；一年四季，结合二十四节气，每个季节须有三个以上的生态德育主题教育活动，通过有效的生态德育教育，使幼儿形成生态文明素养，从而达到人与自然和谐相处的教育目的。 3. 幼儿园有生态德育儿童剧或生态德育情景表演活动。 三星级标准要求：能在区域活动中进行生态德育情景表演活动； 四星级标准要求：幼儿能熟练进行生态德育情景表演活动或生态德育儿童剧表演； 五星级标准要求：幼儿园有常态化的生态德育儿童剧表演，有剧本、演出场地、开展活动的记录、视频、照片等实证资料并能现场展示。 4. 幼儿园有生态德育口号或人文生态德育活动专题宣传栏。 三星级标准要求：幼儿园有生态德育口号或人文生态德育活动专题宣传栏； 四星级标准要求：幼儿园主体建筑上有生态德育口号，或在幼儿园显著位置有人文生态德育活动专题宣传栏； 五星级标准要求：幼儿园主体建筑外墙上有生态德育口号，并在幼儿园显著位置有人文生态德育活动专题宣传栏。

评价方法	得分
1. 查看园本特色人文生态化课程材料。 三星级考核标准：有园本特色人文生态化课程。（4分） 四星级考核标准：形成园本特色人文生态化课程，每学期至少有10节生态德育教育理念的活动。每少一节，扣1分，扣完为止。（4分） 五星级考核标准：形成园本特色人文生态化课程，将生态德育教育与主题教学有机融合，将其纳入常规课程，每学期至少有12节生态德育教育理念的活动。每少一节，扣1分，扣完为止。（4分） 2. 查看学期主题教学计划并现场抽查听课，观摩1节生态德育教学活动，课堂结构合理，根据课堂展示效果酌情计分。（3分） 3. 幼儿园有生态德育儿童剧或生态德育情景表演活动。 三星级考核标准：能在区域活动中进行生态德育情景表演活动。（2分） 四星级考核标准：幼儿能熟练进行生态德育情景表演活动或生态德育儿童剧表演。（2分） 五星级考核标准：幼儿园有常态化的生态德育儿童剧表演，有剧本、演出场地、开展活动的记录、视频、照片等实证资料并能现场展示。（2分） 4. 在幼儿园主体建筑外墙上有生态德育口号，并在幼儿园显著位置有人文生态德育活动专题宣传栏。（1分）	

项目	评价内容及标准	
A2 基本办园条件（40分）	符合《地（市）十佳幼儿园办园标准》	
A3 奖励项目人文生态化成果（10分）	1. 发表省、市、县级及以上与人文生态教育相关的结题的课题、获奖论文、刊物发表文章、获奖自制玩教具等。 2. 承办县（市）级及以上现场会；在县（市）级及以上介绍经验，推广经验，提供观摩现场。 3. 发表人文生态化教育专著。 4. 建有6666.67平方米（10亩）以上专用生态农场。 5. 幼儿园人文生态化教育办园经验在《中国教育报》公开报道。	

备注：1. 幼儿园先自评、自查，确定星级，然后进行申报，验收组根据申报情况进行验收，成绩在90分以上，获得本星级称号。

2. 验收实行一票否决制，生态环境不达标者、生态德育项目得分不满5分者，取消本星级参评资格。

3. 根据实际得分，可以参加低一级评选。

评价方法	得分
实地查看酌情计分	
1. 幼儿园提供人文生态化教育成果相关证明材料，据实赋分。省级及以上与人文生态教育相关的结题的课题、获奖论文、刊物发表文章、获奖自制玩教具等，每次计1.5分；市级与人文生态教育相关的结题的课题、获奖论文、刊物发表文章、获奖自制玩教具等，每次计1分；县级与人文生态教育相关的结题的课题、获奖论文、刊物发表文章、获奖自制玩教具等每次计0.5分，此项最高计3分。 2. 承办人文生态化教育现场会：全国现场会，每次计1分；省级每次计1分；地（市）级每次计0.5分；为省级及以上人文生态化教育提供观摩现场，每次计0.5分；在省级及以上活动中做人文生态化教育经验介绍、经验推广，人文生态教育优质课获省教育厅组织的优课评比一等奖，每次计1分，此项最高计2分。 3. 幼儿园有公开发行的人文生态化教育专著，计3分。 4. 幼儿园有6666.67平方米（10亩）地以上的专用生态农场，计2分。 5. 幼儿园人文生态化教育办园经验在《中国教育报》上被公开报道，每次计2分。 6. 奖励项目最高计10分。	